山东省革命文物图文大系

山东博物馆 编著

科学出版社

北京

图书在版编目（CIP）数据

山东省革命文物图文大系：全十卷 / 山东博物馆编著. -- 北京：科学出版社，2024. 12. -- ISBN 978-7-03-080020-6

Ⅰ . K871.62

中国国家版本馆CIP数据核字第2024SC9750号

责任编辑：张亚娜 樊 鑫 ∕ 责任校对：张亚丹
责任印制：张 伟 ∕ 书籍设计：北京美光设计制版有限公司

科 学 出 版 社 出版
北京东黄城根北街16号
邮政编码：100717
http://www.sciencep.com
北京华联印刷有限公司印刷
科学出版社发行 各地新华书店经销
*
2024年12月第 一 版 开本：889×1194 1/16
2024年12月第一次印刷 印张：123 3/4
字数：2 600 000

定价：3680.00元（全十卷）

（如有印装质量问题，我社负责调换）

编辑委员会

主　　任　　喻剑南　　王　磊

副 主 任　　刘少华　　孙　波

编　　委（按姓氏笔画排序）

丁德翠	于　芹	王　玉	王　霞	王纪生	王志强
王勇军	石长城	卢朝辉	田学峰	朱　政	任骁瑞
伊珊珊	刘延常	齐云婷	孙艳丽	杜云虹	李　娉
李世华	李成才	杨爱国	冷大伟	张　旭	张　磊
张广田	张传杰	张兴春	张德群	陈　辉	陈志强
苗庆安	岳　伟	郑同修	赵兴胜	赵志超	荣瑞峰
段　涛	祝　晖	徐　伟	高　兆	高　震	郭思克
宿立军	韩大钧	蔡新杰			

图书编辑团队

主　　编　　刘延常

副 主 编　　卢朝辉　　张德群　　王勇军　　高　震

执 行 主 编　　李　娉　　孙艳丽

执行副主编　　杨秋雨

分卷主编

第一卷	孙艳丽	第二卷	孙艳丽　贾依雪
第三卷	李娉　贾依雪	第四卷	杨秋雨
第五卷	杨秋雨　仪明源	第六卷	仪明源　于秋洁
第七卷	刘宁　张小松	第八卷	刘宁　怀培安
第九卷	怀培安　李娉	第十卷	张小松

撰写团队（按姓氏笔画排序）

卜鑫	于佳鑫	于法霖	于秋洁	于颖欣	万本善	马军	马静	马天成
马克凡	王美	王浩	王晶	王鹏	王睿	王小羽	王之信	王之谦
王丹青	王文红	王文博	王平云	王亚敏	王丽媛	王凯强	王思涵	王晓妮
王婀娜	王培栋	车悦	毛洪东	孔凡胜	卢绪乐	仪明源	冯明科	宁志刚
毕晓乐	曲菲	昌健	昌其林	任伟	任维娜	庄倩	刘宁	刘畅
刘凯	刘婧	刘长艳	刘军华	刘丽丽	刘树松	刘剑钊	刘逸忱	江海滨
许哲	许文迪	许盟刚	孙佳	孙颖	孙全利	孙利堂	孙纬陶	孙艳丽
苏琪	苏力为	杜晨英	李波	李娉	李媛	李婷	李兴栋	李克松
李国盛	李寅初	李博文	李晶晶	李景法	李献礼	杨坤	杨昊	杨燕
杨立民	杨亚昱	杨秋雨	杨靖楠	吴昊	谷淼	怀培安	宋松	宋卓远
张丹	张卡	张军	张媛	张璐	张小松	张世林	张有才	张秀民
张美玲	张晓文	张海燕	张淑敏	陈晓	陈鹏	陈孟继	林立东	昌筱敏
罗琦	罗永华	周宁	周光涛	周兴文	郑学富	郑德平	官春磊	项顼
赵金	赵文彬	赵均茹	赵皎琪	赵蓓蓓	郝明安	胡可佳	姜羽轩	姜晴雯
姚超	姚焕军	袁晓梅	聂惠哲	贾庆霞	贾依雪	贾婧恩	夏敏	徐艳
徐静	徐磊	徐晓方	徐赛凤	高丽娟	唐铭泪	黄巧梅	黄祖文	崔强
崔萌萌	康甲胜	阎虹	梁连江	梁新雅	董艺	董倩倩	韩晓燕	焦玉星
赖大邃	雷茜	蔡亚红	蔡运华	蔡言顺	薛喜来	穆允军	穆红梅	

学术顾问

邱从强　张艳芳　郑宁波　徐畅　崔华杰

审校

李娉　孙艳丽　怀培安　贾依雪

文物摄影

阮浩　周坤　赵蓓蓓　蔡启华

参加单位

★ 省直单位

山东博物馆	中共山东省委党校（山东行政学院）图书和文化馆
山东省档案馆	山东省图书馆
孔子博物馆	山东大学图书馆

★ 济南市

济南市博物馆	济南市章丘区博物馆
济南市济阳区博物馆	济南革命烈士陵园（济南战役纪念馆）
济南市莱芜区博物馆	中共山东早期历史纪念馆

★ 青岛市

青岛市博物馆	青岛海关博物馆
青岛道路交通博物馆	青岛市黄岛区博物馆
青岛市即墨区博物馆	青岛市即墨区烈士陵园
青岛市档案馆	青岛市革命烈士纪念馆
中共青岛党史纪念馆	中国人民解放军海军博物馆
莱西市博物馆	黄岛烈士陵园纪念馆
平度市博物馆	平度市烈士陵园
胶州烈士纪念馆	

★ 淄博市

淄博市博物馆	淄博市焦裕禄纪念馆
淄博煤矿博物馆	黑铁山抗日武装起义纪念馆
淄博市公安局	桓台博物馆
高青县革命历史纪念馆	沂源博物馆
沂源县革命烈士陵园（革命历史纪念馆）	

★ 枣庄市

枣庄市博物馆	铁道游击队纪念馆
台儿庄区贺敬之文学馆	台儿庄革命烈士陵园（战史陈列馆）

★ 东营市

东营市历史博物馆	中共刘集支部旧址纪念馆
东营市垦利区博物馆（含渤海垦区革命纪念馆）	

★ 烟台市

烟台市博物馆	烟台市牟平区博物馆
烟台北极星钟表文化博物馆	烟台市蓬莱区烈士陵园管理处
莱州市博物馆	地雷战纪念馆
龙口市博物馆	栖霞市牟氏庄园管理服务中心
招远市博物馆	

★ 潍坊市

潍坊市博物馆	潍坊市革命烈士陵园管理处
潍坊市寒亭区博物馆	青州市博物馆
昌邑市博物馆	寿光市博物馆
安丘市博物馆	潍县西方侨民集中营旧址博物馆

★ 济宁市

邹城博物馆	金乡县文物保护中心
嘉祥县烈士陵园烈士纪念馆	梁山县烈士陵园管理服务中心

★ 泰安市

泰安市博物馆	泰安徂徕山抗日武装起义博物馆
中共东平县工委纪念馆	东平县博物馆
肥城市档案馆	新泰市档案馆
新泰市博物馆	

★ 威海市

中国甲午战争博物院	天福山起义纪念馆
威海市博物馆	乳山市文物保护中心

★ 日照市

日照市岚山区博物馆	日照市抗日战争纪念馆
莒州博物馆	五莲县博物馆

★ 临沂市

临沂市博物馆	山东省政府和八路军115师司令部旧址
大青山胜利突围纪念馆	华东野战军总部旧址暨新四军军部旧址纪念馆
沂水县博物馆	沂水县云头峪村《大众日报》创刊地纪念馆
沂水县中共中央山东分局旧址	沂蒙红嫂纪念馆
沂蒙革命纪念馆	莒南县博物馆
孟良崮战役纪念馆	平邑县博物馆
鲁南革命烈士陵园	

★ 德州市

德州市博物馆	冀鲁边区革命纪念馆

★ 聊城市

孔繁森同志纪念馆	聊城中国运河文化博物馆
聊城市茌平区博物馆	聊城市茌平区档案馆
东阿县文物事业发展中心	东阿县文物管理所
运东地委革命纪念馆	临清市档案馆

★ 滨州市

滨州市博物馆	邹平市文物保护中心（邹平市博物馆）
滨州市滨城区文物保护修复中心（滨州市滨城区博物馆）	
渤海革命老区纪念园	博兴县博物馆
阳信县博物馆	

★ 菏泽市

菏泽市博物馆	菏泽市烈士陵园（菏泽市抗日纪念馆）
菏泽市定陶区博物馆	菏泽市定陶区档案馆
菏泽市定陶区烈士陵园	东明县博物馆（东明县文物保护中心）
巨野县博物馆	郓城县博物馆
中国鲁锦博物馆	冀鲁豫边区革命纪念馆
单县档案馆	曹县档案馆
成武县烈士陵园	成武县档案馆
鄄城县档案馆	

山东省
革命文物
图文大系

第六卷

仪明源
于秋洁　主编

砥柱中流

抗日战争时期
（下）

科学出版社
北京

前　言

　　随着世界反法西斯战争进入决战阶段，侵华日军完全陷入战略被动。1944年春，日军为打通从中国东北到东南亚的大陆交通线，在华北不得不实行重点守备、攻势防御，抗日根据地军民转入对日局部反攻。山东军民从1944年春到1945年夏，开始对敌展开了一系列攻势作战。中共中央山东分局坚持从实际出发，正确贯彻中央的一系列重要政策和工作指示，使山东抗日根据地不断发展壮大。1945年8月15日，日本天皇裕仁以广播形式发布《终战诏书》，日本无条件投降。9月2日，日本代表在投降书上签字。至此，中国抗日战争胜利结束。

　　山东军民以天下兴亡、匹夫有责的爱国情怀，以视死如归、宁死不屈的民族气节，以不畏强暴、血战到底的英雄气概，以百折不挠、坚韧不拔的必胜信念，同仇敌忾、浴血奋战，为全面抗战的胜利作出了重要贡献。

目 录

第二章

时事教育
鼓舞动员

第三章

大众文艺时代号角

第四章

蓄势反攻
伟大胜利

第一章

减租减息
江山人民

减租减息是中国共产党在抗日战争时期为保障农民权利，团结各阶层人民统一抗日，减轻农民地租和所受高利贷剥削，改善农民生活，而领导的大规模群众运动。减租减息运动限制了地主高利贷剥削，在经济上改善了广大群众生活，在政治上提高了广大群众的社会地位，在斗争中锻炼了群众力量，提高了群众的阶级觉悟，拥军优属、参军杀敌的热情空前高涨。

山东抗日民主根据地实行经济改革，开展减租减息，进行互助合作，给人民群众看得见、摸得着的物质利益。到 1944 年底，山东抗日根据地的 23417 个村庄中，有 63% 进行了减租减息。

平禹县四区群众集会，欢庆"双减"斗争的胜利。

《中共中央关于抗日根据地土地政策的决定》

1942年
山东博物馆藏

中央政治局于1942年1月28日发布《中共中央关于抗日根据地土地政策的决定》，通过对比安乐乡在国民党统治下与共产党民主政府治理下的情况，说明了我党在土地政策方面切实可行的做法。抗日战争进入严重困难时期后，为了进一步焕发各抗日根据地广大群众抗日与生产的积极性，团结各阶层坚持长期抗战，1942年1月28日，中共中央通过了《关于抗日根据地土地政策的决定》，确定了减租减息的基本原则：①减租减息政策的目的是扶助农民，减轻地主的封建剥削，保证农民的政治经济权利，借以改善农民的生活，提高农民抗日和生产的积极性；②现阶段土地政策是减轻封建剥削，而不是消灭封建剥削，因此实行减租减息后，又须实行交租交息，保障地主的地权、财权和人权，以联合地主阶级一致抗日；③承认资本主义生产方式是中国现时比较进步的生产方式，对于富农则削弱其封建部分，鼓励其资本主义部分的发展。

2月6日，中共中央又向党内发出《中央关于如何执行土地政策的指示》，要求一切没有实行减租减息，没有发动群众的地区，在广大群众自愿自觉而不是少数人包办蛮干的基础之上，迅速实行减租减息，迅速把群众发动起来。

上述两个文件指出：我党在抗日根据地的土地政策是：一方面实行减租减息，一方面实行交租交息。实行减租减息，必须认真发动群众。文件规定减租"照抗战前租额减低25%"，减息"以一分半为计息标准"，即"二五减租，分半减息"。减租减息斗争的主要成果：①削弱了封建剥削，实现了土地制度的初步改革；②调动了农民群众的积极性，促进了根据地经济的恢复和发展；③广大群众得到了实惠，更加热烈地拥军参军，优待抗属；④促进了各种群众团体和群众组织的发展；⑤民主的风气开始形成；⑥发展了抗日民族统一战线，巩固了抗日民主政权；⑦开展了农村新文化运动；⑧为抗日战争胜利后消灭封建土地制度积累了丰富的经验。

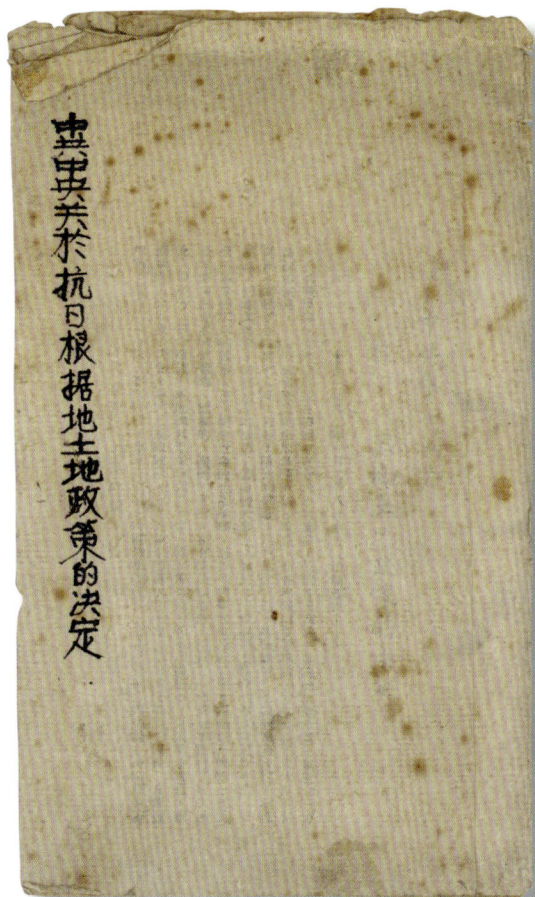

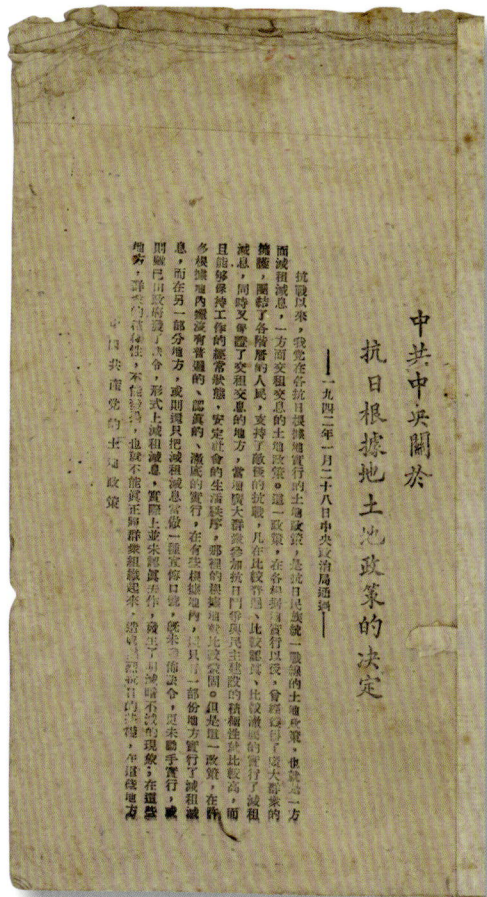

农民拥护抗日民主政府的土地政策，按规定交租交息。

山东胶东军区政治部印
《减租减息与开展群众运动》
（第一集）

1942年
山东博物馆藏

　　1942年山东胶东军区政治部印。主要记录了减租减息的政策规定以及如何开展群众运动。在减租减息和查减斗争中，党组织一方面放手发动贫雇农群众，动员他们起来参加减租减息增资斗争；另一方面，有目的地把群众组织起来，使广大群众从切身体验中看到了组织起来的巨大力量，从而提高了群众参加各种团体、组织的自觉性和热情。在山东抗日根据地，在边沿区、农村的许多斗争都是农救会出面组织的。通过减租减息斗争，广大群众积极要求参加农救会、妇救会、青救会、民兵和自卫团等各种群众团体和组织。他们在减租减息、发展生产、打击日本侵略者等方面都发挥了重要作用。

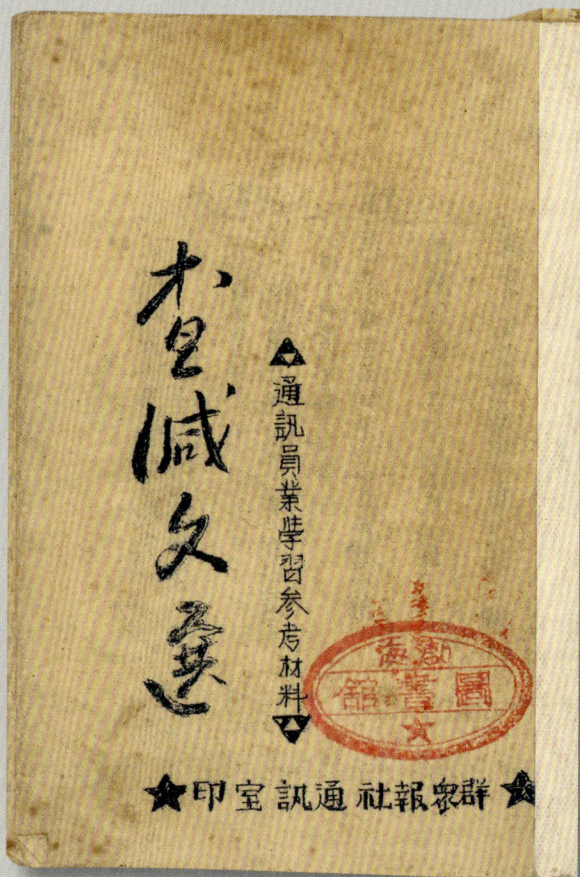

群众报社通讯室印《查减文选》

1942年
山东博物馆藏

　　1942年群众报社通讯室印，收录了一些关于查减的相关规定，内文有《预防一个可能的偏向》等。

　　根据中共中央和中共中央山东分局的指示和工作部署，山东抗日根据地在老区开展了查减斗争。为了防止减租减息过程中各种偏向发生，山东分局、山东省战时工作推行委员会（山东省战时工作推行委员会成立于1940年8月，1943年8月改组为山东省战时行政委员会）及时对工作进行了总结指导，在深入开展减租减息运动中，各地党组织针对部分干部、群众中存在的错误的思想认识问题，进行了认真解决。对此，各地组织广大干部以整风精神检查过去的群众工作，并组织干部调查研究农村租佃关系实际状况，从而使干部增强了党群工作观念，提高了做好"双减"工作的自觉性，同时也提高了群众开展减租减息运动的思想觉悟，为以后的土地改革奠定了基础，积累了宝贵的经验。

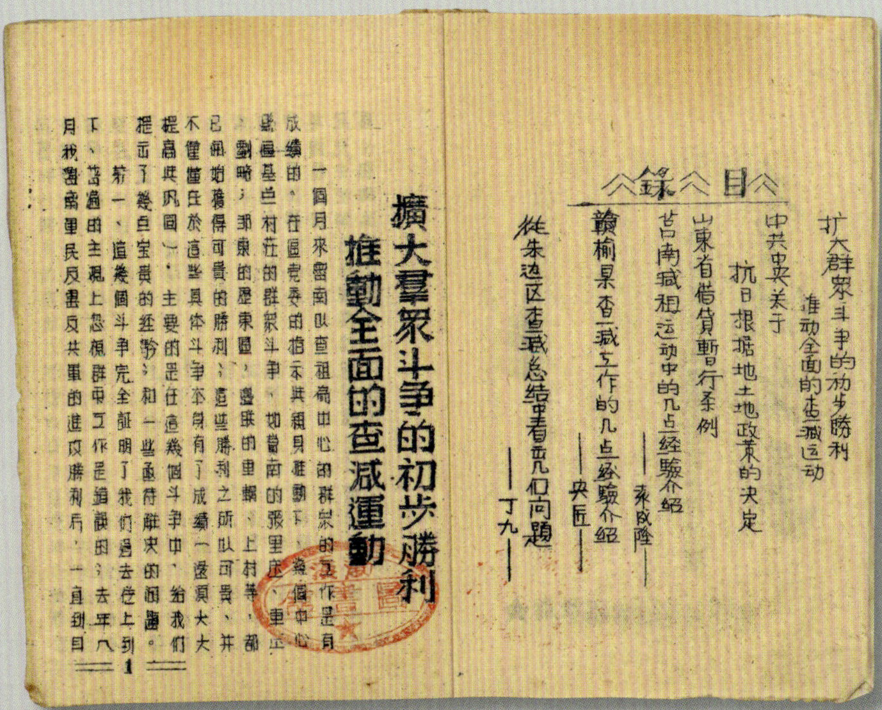

◇目◇録◇

擴大羣衆斗爭的初步勝利
推動全面的查減運動

一個月來莒南以查租為中心的群衆的工作是有成績的，在區黨委的指示與親身推動下，幾個中心縣區基点村莊的群衆斗爭，如莒南的張里庄、東庄、劉畔，郯東的歷東區，邊聯的東關、上村等，都已開始獲得可貴的勝利；這些勝利之所以可貴，并不僅僅在於這些具体斗爭本身有了成績，還須大大提高與鞏固，主要的是在這幾個斗爭中，給我們提示了幾点宝貴的經驗；和一些亟待解決的問題。

第一、這幾個斗爭完全証明了我們過去從上到下，普遍的主觀上忽視群衆工作是錯誤的；去年八月我們莒南軍民反對反共軍的進攻勝利后，一直到目

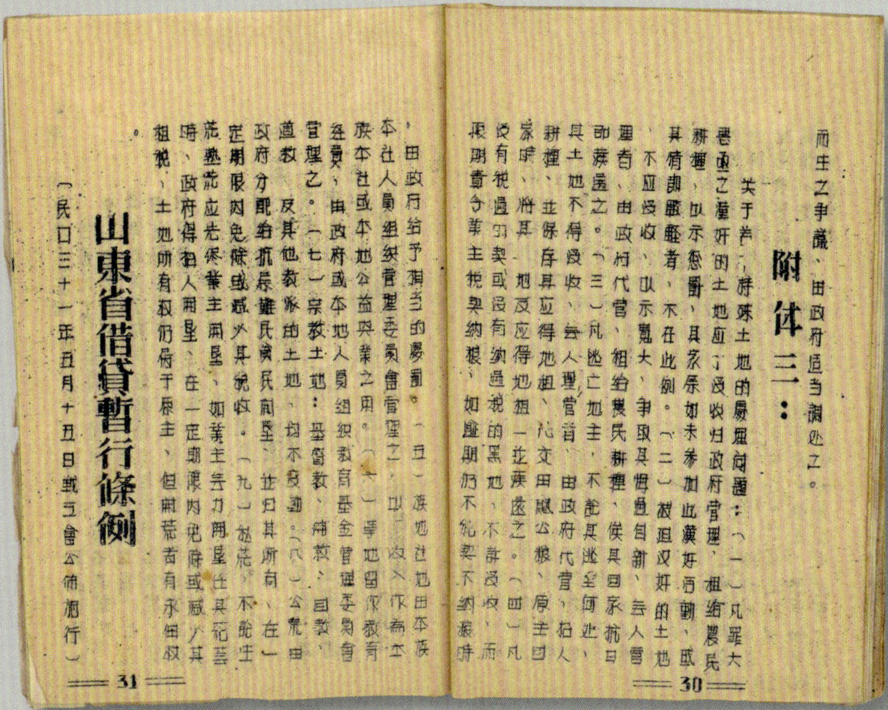

而生之爭議，由政府適当調处之。

附件三：

山東省借貸暫行條例

（民國三十一年五月十五日戰工會公佈施行）

群众出版社翻印
《根据地建设与群众工作》

1942年
山东博物馆藏

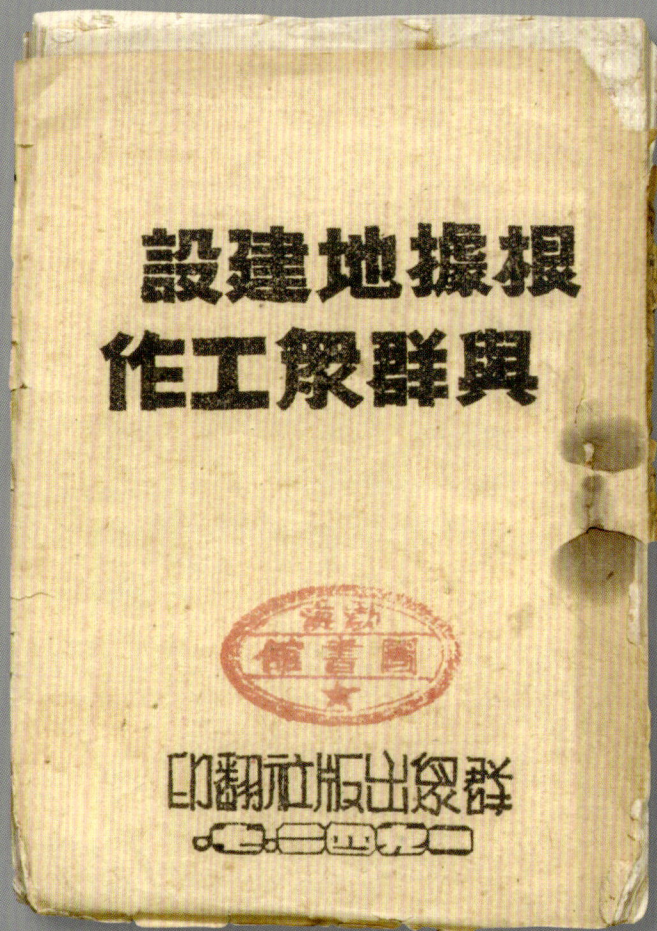

根据地建设
与群众工作

群众出版社翻印

　　群众报社是中共清河特委的机关报社，1939年8月《群众报》在临淄县大夫店（今属淄博市临淄区朱台镇）创刊，随即成立群众报社，属中共清河特委领导。办报宗旨是宣传教育群众，奋起抗战。该社以群众出版社的名义印刷《论联合政府》《论共产党员的修养》《论两个战场》《甲申三百年祭》《党风文献》《中国革命基本问题》等书籍。

　　《根据地建设与群众工作》1942年7月由群众出版社翻印，要求在政治上、组织上团结各阶层，实行"三三制"，强调只有坚持正确的政策，才能密切与群众的关系，党的领导责任在于监督检查政策的执行，以及强调军队纪律的重要性。图书联系实际，通俗易懂，反映山东抗日根据地党政军民对敌斗争和进行根据地建设的新闻报道，为发动群众、组织群众提供了极为有益的宣传。

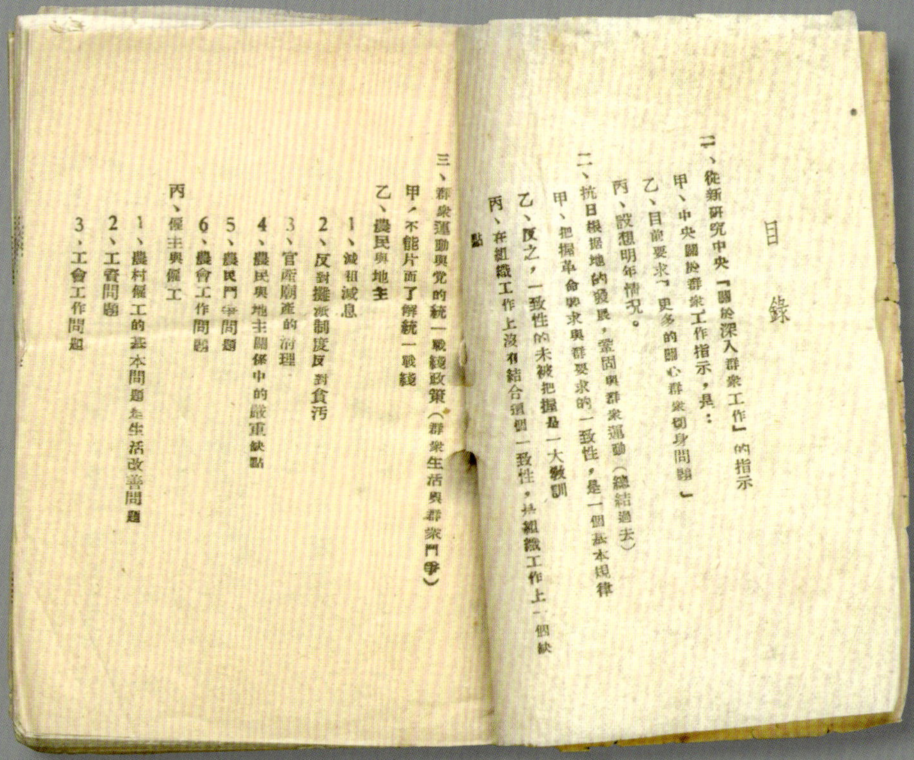

目錄
一、從新研究中央「關於深入群衆工作」的指示
甲、中央關於群衆工作指示，是：
乙、目前要求「更多的關心群衆切身問題」
丙、設想明年情况。
二、抗日根據地的發展，鞏固與群衆運動（總結過去）
甲、把握革命要求與群衆要求的一致性，是一個基本規律
乙、反之，一致性的未被把握是一大教訓
丙、在組織工作上沒有結合這個一致性，是組織工作上一個缺點
三、群衆運動與党的統一戰綫政策（群衆生活與群衆鬥爭）
甲、不能片面了解統一戰綫
乙、農民與地主
1、減租減息
2、反對攤派制度反對貪污
3、官産廟産的清理
4、農民與地主關係中的嚴重缺點
5、農民鬥爭問題
6、農會工作問題
丙、僱主與僱工
1、農村僱工的基本問題在生活改善問題
2、工資問題
3、工會工作問題

丁、青年婦女工作：
四、群衆組織工作問題
甲、武力與勞力結合問題
乙、群衆團體組織建設
1、鬥爭與組織
2、組織整頓與建設——村支部的建設
3、幹部的審查與培養問題
4、組織的真正統一與領導問題
五、如何密切党與群衆關係
甲、克服觀念上的幾個問題
乙、切實關切群衆利益解決群衆問題
丙、党如何密切與群衆關係
根據地建設與群衆工作
——黨與群衆工作（提綱）
——李雪峯同志於一九四〇年十二月五日——
一、從新研究中央「關於深入群衆工作」的指示
（甲）中央關於深入群衆工作指示
是從時局危機嚴重，敵後抗戰艱苦出發的；
是從鞏固根據地的要求出發的；
是從支持長期，持久的敵後抗戰出發的；
是從華北群衆運動現狀——党的工作薄弱的一環，然而是重要的一環——出發的；
—1—

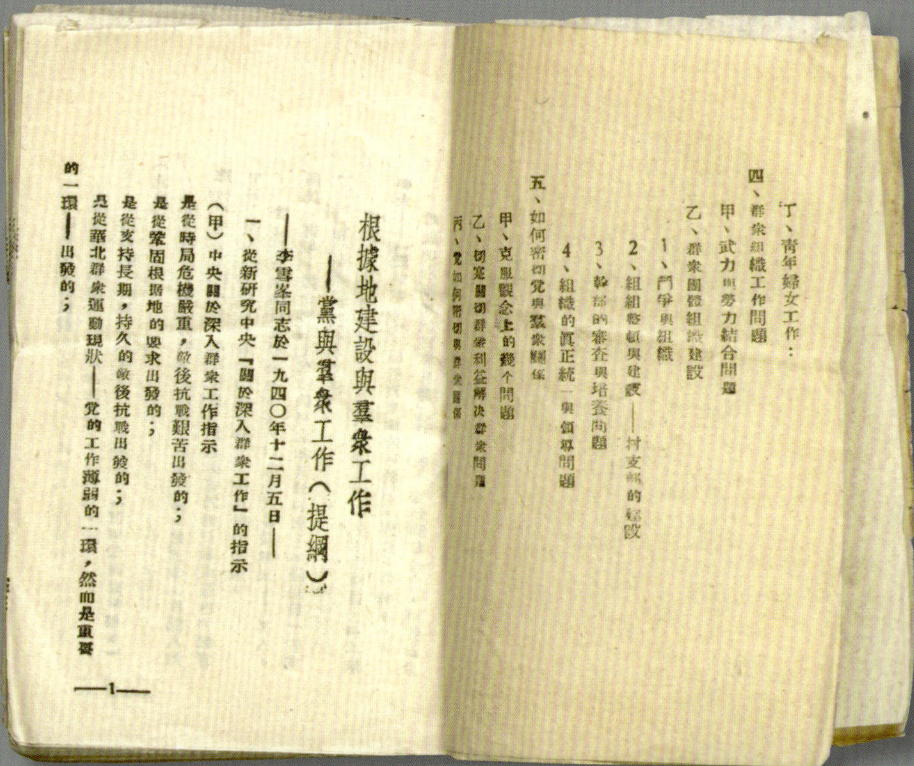

《山东省胶东区行政公署关于贯彻执行减租减息政策的决定》

1944年
烟台市博物馆藏

1942年6月，胶东区党委遵照中共中央山东分局的要求，成立工作队，全面开展减租减息工作。这份《山东省胶东区行政公署关于贯彻执行减租减息政策的决定》是当时荣成县黎明公社共产党员刘崇斌的学习材料。胶东区在减租减息运动中削弱了农村的封建势力，改善了群众生活条件，调整了根据地内各阶级的关系，进一步巩固了乡村政权，激发了各抗日根据地群众参军与生产的积极性。

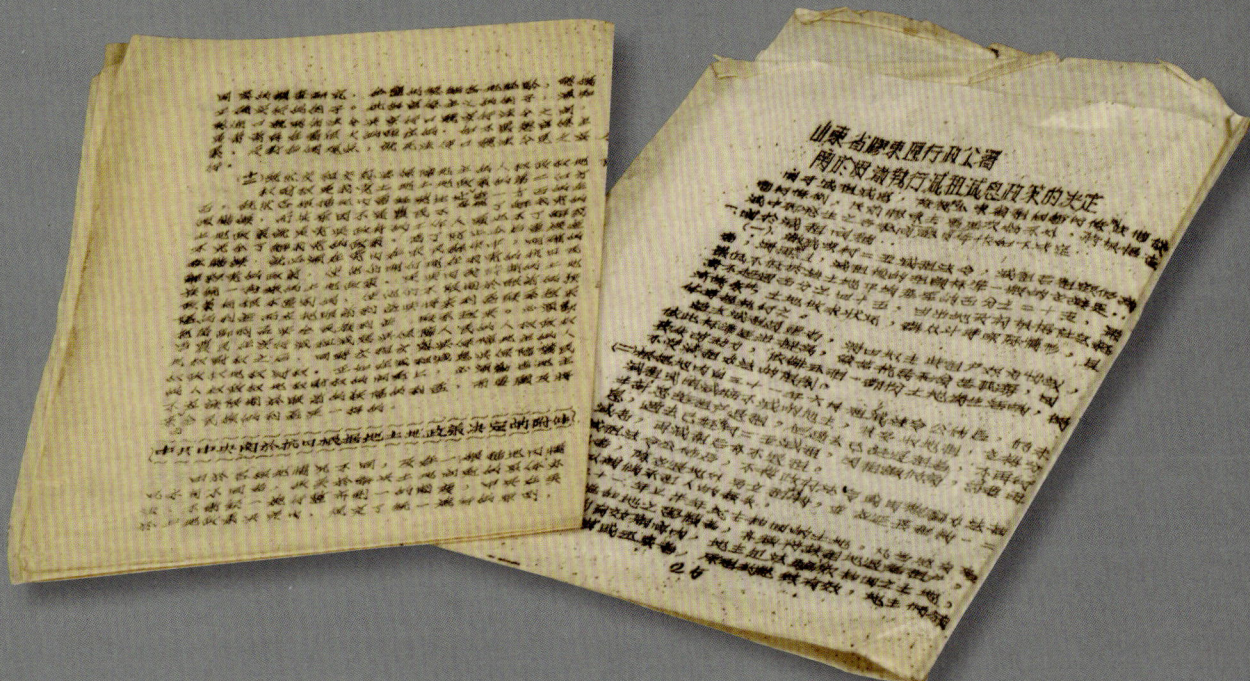

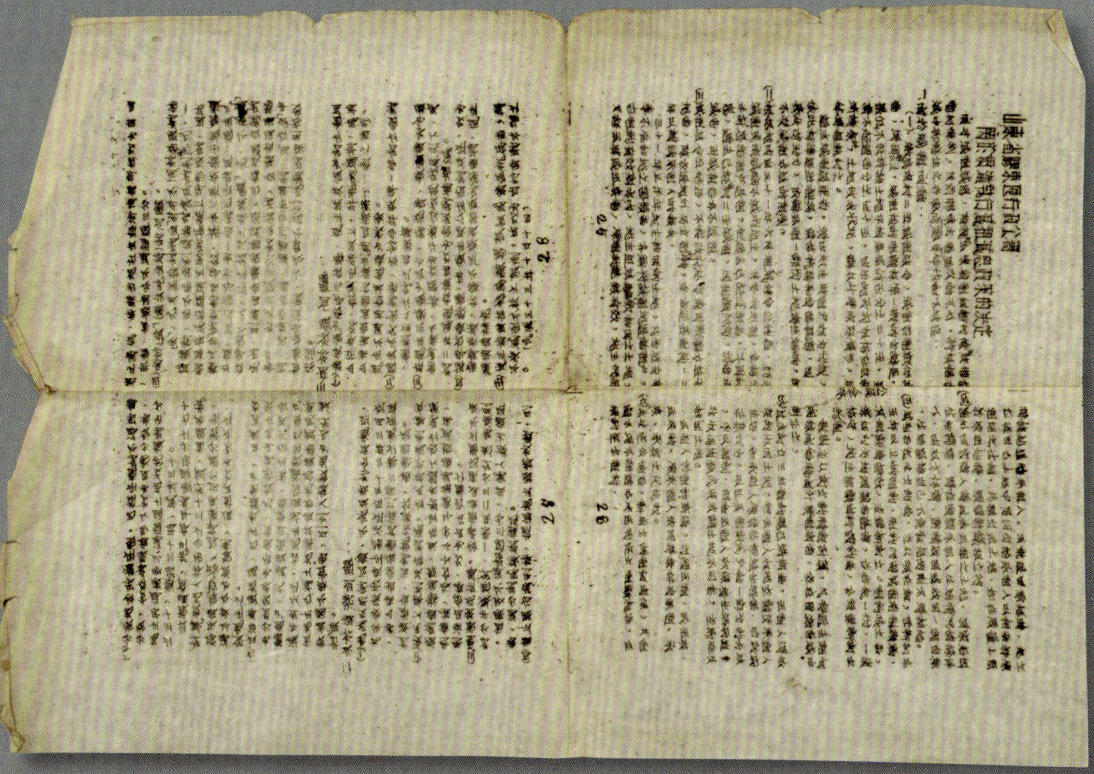

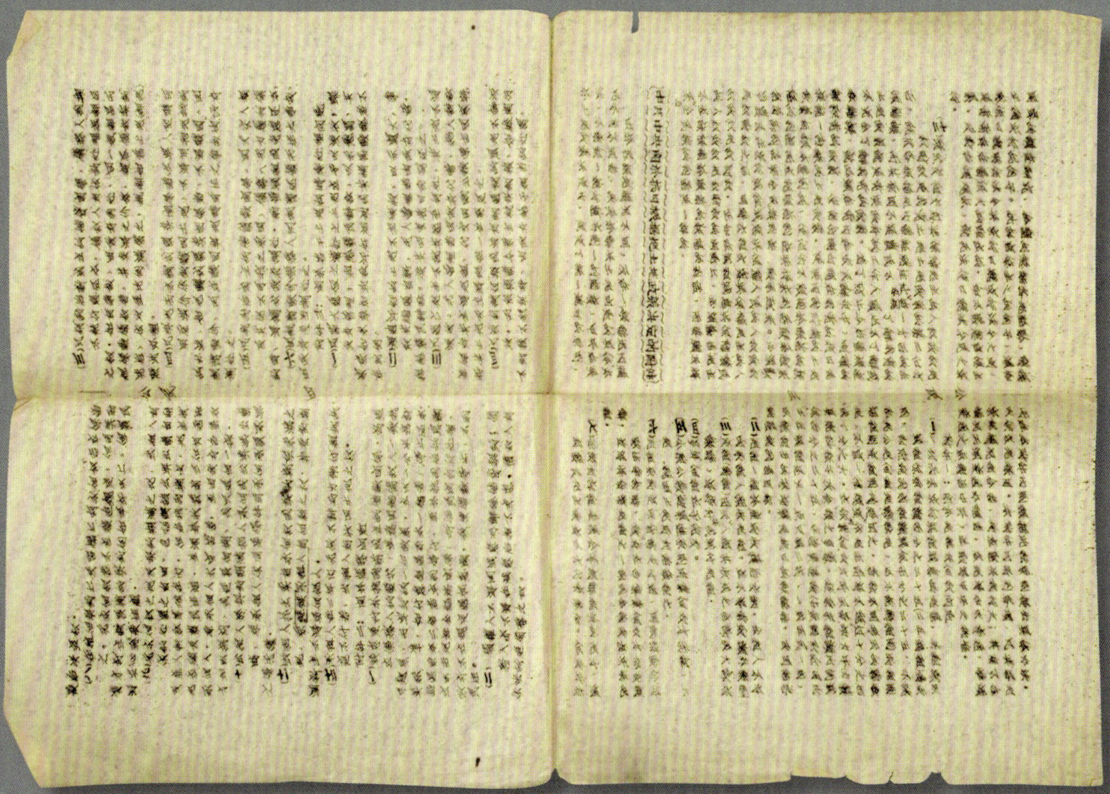

山东省胶东区行政公署翻印《关于贯彻执行减租减息增加工资政策的训令》

1944年
山东博物馆藏

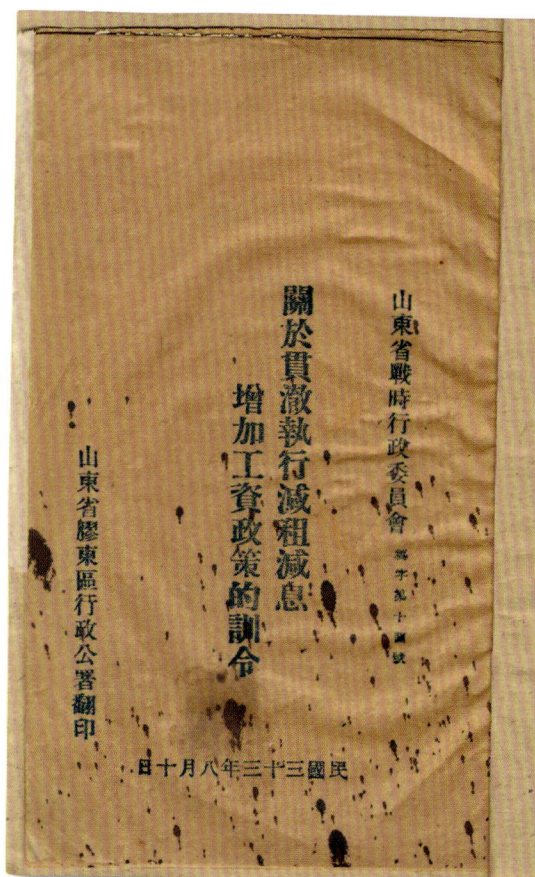

山东省胶东区行政公署1944年8月10日翻印。针对当时形势，胶东区行政公署强调训令是对政府工作作风转变和工作人员思想改造的重要文献，要求贯彻查减工作步调一致，纠正偏差与错误。

抗战时期，中国共产党为调动农民阶级的抗战积极性，在根据地实行减租减息政策。因减租减息运动直接触及地主阶级的利益，农救会为使"双减一增"工作得以贯彻落实，做了许多艰难细致的工作，使贫雇农阶级意识和斗争精神大增，推动运动在全省轰轰烈烈开展起来，贫雇农的经济状况得到初步改善。

胶东各救总会编印
《从群众的需要出发发动群众》（第二辑）

1945年
山东博物馆藏

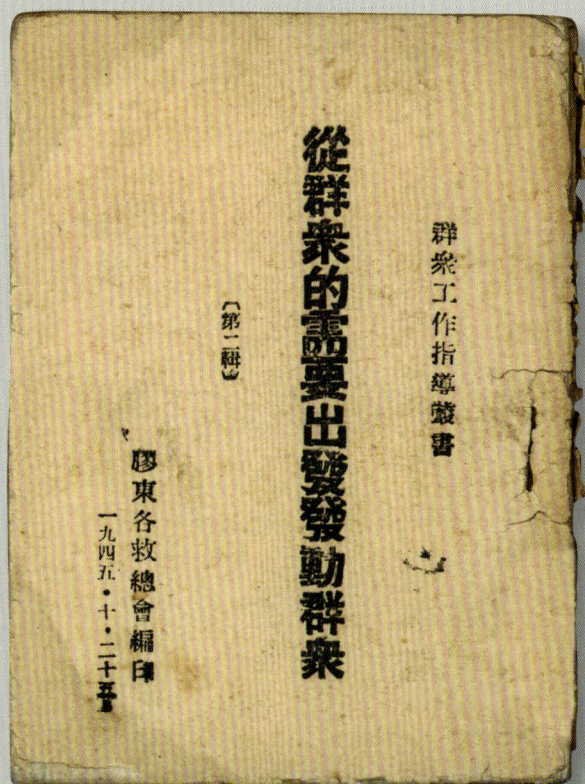

胶东各救总会编印，内刊载13篇文章，包括《从群众的需要出发发动群众》《怎样抓住中心工作》《王文俊佃户小组减租经验》《涉县更乐村减租运动中的两种方法》《岚县解放后发动群众的几个问题》《前泉龙头斗争果实怎样才分到群众手里？》等。

1942年在山东抗日根据地最困难的时候，减租减息成为中国共产党在整个抗战时期发动群众、动员群众的有力举措。1942年5月，山东各地普遍开展减租减息运动。至1944年8月，全省完成减租60%。

山东分局宣传部翻印
《群众工作指南》（第三册）

1942年
山东博物馆藏

　　山东分局（中共中央山东分局，简称山东分局）宣传部1942年11月翻印，《群众工作指南》记录了山东党组织通过群众工作加强根据地政权建设的措施。

　　全面抗战时期，由于日、伪军加大对根据地的"扫荡"，根据地进入严重困难时期，也逐渐暴露出山东机构庞大、指挥不统一、群众基础薄弱、民兵组织不巩固等问题，山东党组织对战略发展的认识不一致，以及复杂的形势、残酷的战争、艰苦的环境，使一些干部产生了消极情绪，对前途感到渺茫，促使山东分局认真总结经验教训，深刻反思过去的工作，在思想及领导上检讨自己，从而开始了山东分局领导思想的转变，迫切需要中央的领导，以尽快统一认识。

　　全面抗战初期，山东党内大多倾向于建立和国民党上层以及地方士绅的统战关系，而对党的

（右页 64）

○爲了擴大下層羣衆組織，亦應開始適當的注意村的工、青、婦救工作的整理與發展，但它一般應歸屬於村農救組織的統一領導，不應各自爲政，甚至妨害農救的基本工作。工、青、婦的大發展及獨立的工作，應在村農救會在組織上有足量發展，在農救工作的建設上一般走上正規之後。因只有如此，工青婦工作才獲有獨立發展的基礎。

（左页 65）

如何開展魯中區的羣衆運動

——陳沂同志七月二日在魯中區黨政軍民活動分子大會上的報告的一部份——

分局減租減息改善屋工待遇開展羣衆運動的決定，傳到魯中區後，在魯中區黨政軍民中，曾引起了相當大的冲動；區黨委曾經召集了數次活動份子，開會討論三天，並具體佈置了這一工作，現在除太山、太南兩區因交通關係還沒有回報外，沂蒙區已經作了第一次的總結，在成績方面，五分之三的地區實行了減租，部份進行了增資，群衆在少數地方已經動員起來，個別地方並進行了鬥爭。但是很顯然的，這些成績並不大，麥子已經打下好久了，我們的工作却還遠遠跟不上，就是已經實行了減租的地方，也還沒有訂

依靠力量——基本群众却重视不够。山东省战时工作推行委员会虽然于1940年就发布了减租减息条例，但直到1942年春，多数地区没有发动起来；虽然建立了政权，但尚未建立起基本的群众基础优势。

在刘少奇同志来山东指导期间，山东分局连续举行会议，开展批评和自我批评，逐渐统一了认识。山东分局总结经验教训，作了《抗战四年山东我党工作总结与今后任务》工作报告，对取得的成绩作了较为客观的评价，对深入发动群众的紧迫性和重大意义有了较明确的认识，将工作重点逐步转向根据地的巩固和群众工作方面。提出8项具体任务，从思想上、政治上、组织上动员起来，团结全党，团结全体人民，继续长期坚持抗战，完全巩固各抗日根据地，各地认真进行各项工作，使山东抗日根据地出现新气象。

东栖行署翻印
《种田公平负担暂行办法》

1940年
栖霞市牟氏庄园管理服务中心藏

　　东栖行署翻印《种田公平负担暂行办法》，1959年在栖霞县桃村区采购站收集，共23页。山东省临时参议会于1940年11月通过并实施。该办法为遵奉抗战建设纲领，实行公平负担，为改善人民生活、保证抗战胜利起见而拟定。以户为负担单位，以村为实行单位，村中遇有一切负担均以本办法分配各户负担，各村除特别穷户无力负担者，或特别富户应有特别捐助者除外，其余村户均按其贫富程度的不同，分为十等分别负担，并详列了每等分别负担几分。该办法还详细说明了各县、区、乡、村如何确定征收救口公粮或救口公粮捐的总数。

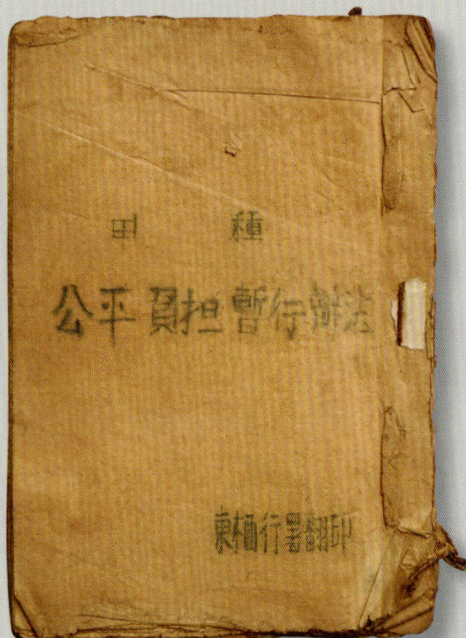

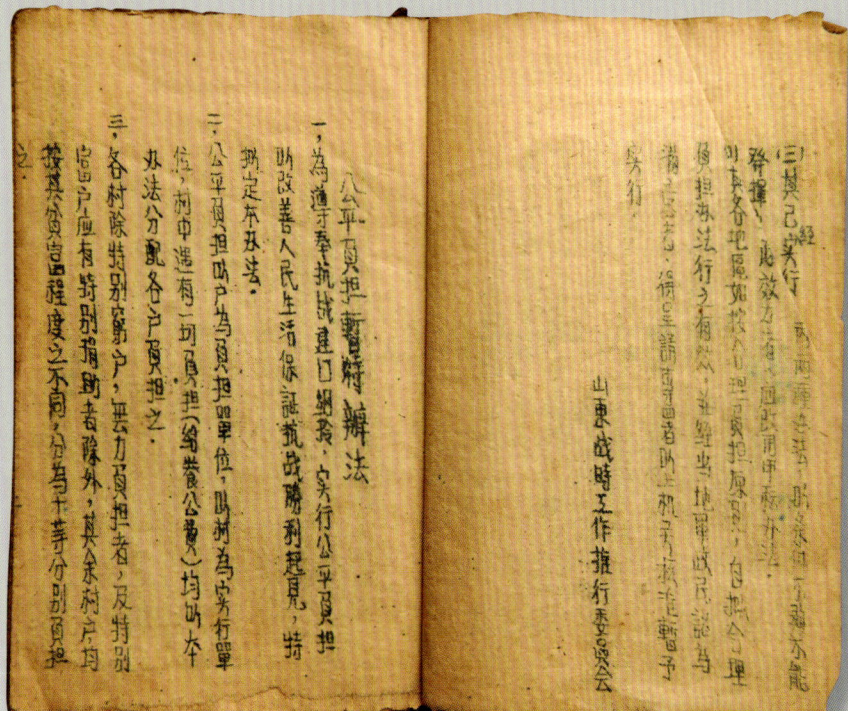

中共山东分局出版
《大店查减斗争总结》

1944年
山东博物馆藏

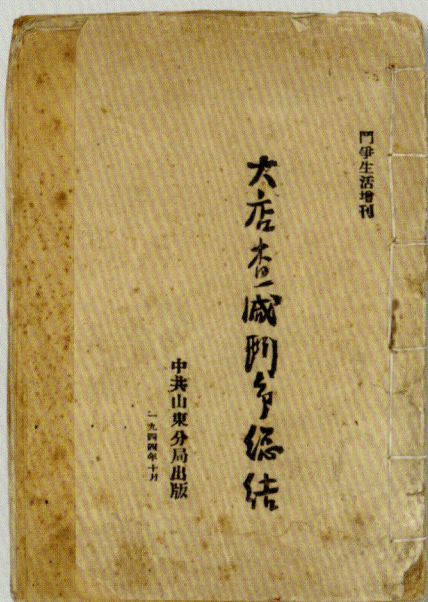

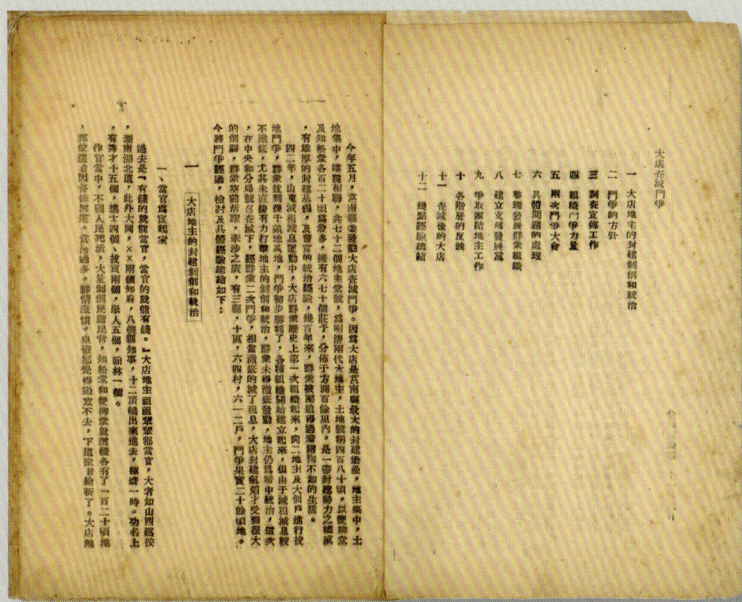

铅印本，1944年10月出版，是滨海区莒南县委亲自领导在大店查减的工作经验写成的总结，并由中共山东分局（即中共中央山东分局）转发全根据地。莒南县大店的查减斗争经验在山东各根据地推广后，群众运动高涨起来，减租减息运动得以深入开展。

1943年10月，山东省战时行政委员会主任黎玉在群众工作会议上，把"彻底完成减租减息政策，立即开展查减运动"作为目前最中心的具体任务之首，并对查减运动作了具体布置。莒南县大店的查

减运动是典型。大店镇庄氏地主家庭是滨海区最大的封建堡垒，共有72个堂号，占地遍布苏鲁两个省七个县，拥有2000多家佃户，除了封建盘剥外，还勾结官府、私设公堂。县委派出的工作组广泛认真调查阶级情况，深入进行"谁养活谁"的教育，整顿了党支部，也对地主交代了政策。在此基础上，召开了本村和周围村庄群众及邻县农民代表参加的万人减租大会，推动了3个县10个区的"查减"，有612户农民得到政策规定退回的租息。

![flag]

晋冀鲁豫边区冀鲁豫第十行政督察专员公署、冀鲁豫军区第十军分区司令部联合禁烟布告（联工字第壹号）

1945年
菏泽市博物馆藏

　　铅字印刷。晋冀鲁豫边区冀鲁豫第十行政督察专员公署、冀鲁豫军区第十军分区辖菏泽、曹县、定陶，时属河北的东明，河南的民权、考城、虞城等十一个县级政权（即鲁西南地区），其位于山西、山东、华北和华中的结合部，是抗日战争时期连接各根据地的重要交通枢纽，具有重要战略意义。专员张耀汉，山东菏泽人，鲁西南抗日根据地创始人之一。司令员赵基梅，湖北麻城人，1929年参加中国工农红军，1940年率部进至鲁西南地区恢复和发展抗日根据地，长期在鲁西南地区坚持开展游击战争，为冀鲁豫抗日根据地的巩固和发展作出了卓著贡献。

　　抗日战争时期，日、伪对冀鲁豫抗日根据地进行军事侵略的同时施行"以战养战"的经济侵略战略，对我边区进行经济封锁与走私倾销。在打击日、伪军的军事行动的同时，边区政府积极发展工商业和集市贸易，针对走私倾销，制定一系列反走私政策，发动群众参与缉私斗争，取得一定成效，巩固了根据地经济，改善了根据地军民的生活，增强了根据地的抗战实力。

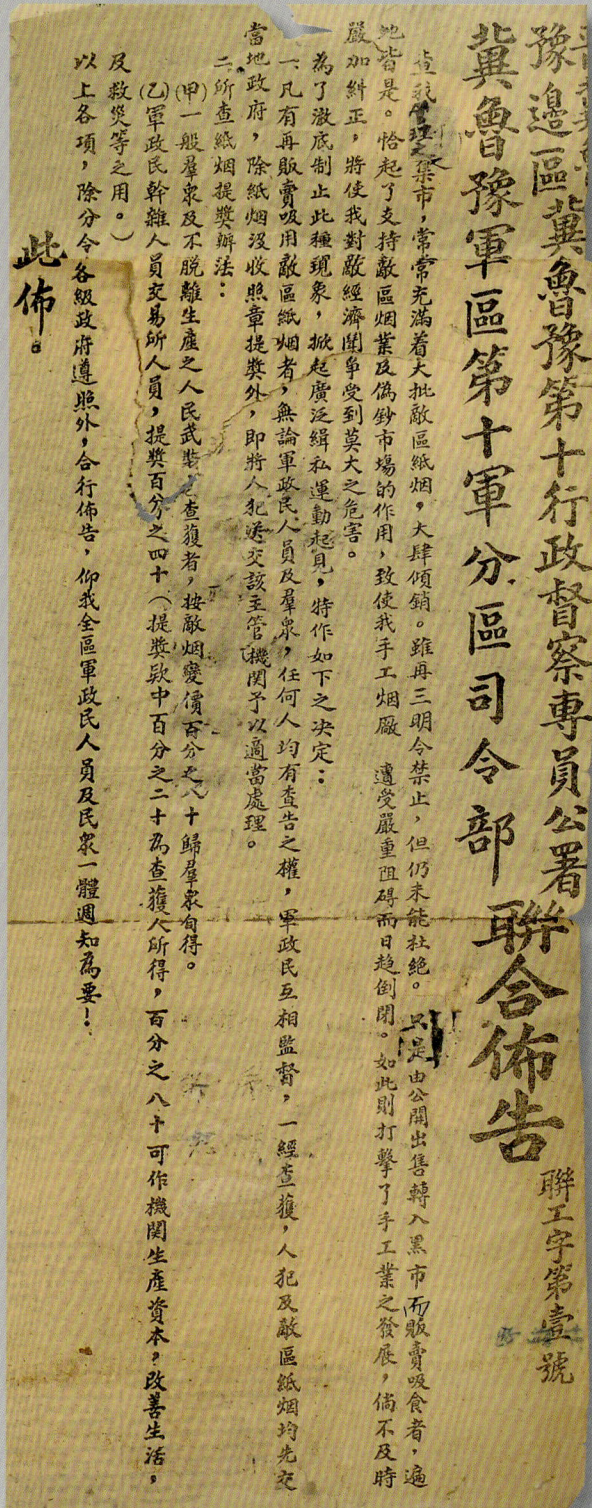

豫邊一區冀魯豫第十行政督察專員公署

冀魯豫軍區第十軍分區司令部 **聯合佈告**

聯工字第壹號

虛報理之案市，常常充滿着大批敵區紙烟，大肆傾銷。雖再三明令禁止，但仍未能杜絕。恰起了支持敵區烟業及偽鈔市場的作用，致使我手工烟廠遭受嚴重阻礙而日趨倒閉。只是由公開出售將入黑市而販賣吸食者，逼地皆是。

為了澈底制止此種現象，掀起廣泛緝私運動起見，特作如下之決定：

（甲）一般屋東及不脫離生產之人民武裝，查獲者，按敵烟賣價百分之十歸屋東求得。

（乙）軍政民人員交易所人員，提獎百分之四十（提獎歇中百分之二十為查獲人所得，百分之八十可作機關生產資本，改善生活，及獎勵等之用。）

二所查紙烟提獎辦法：

一凡有再販賣吸用敵區紙烟者，無論軍政民人員及羣衆，任何人均有查告之權，軍政民互相監督，一經查獲，人犯及敵區紙烟均先交當地政府，除紙烟沒收照章提獎外，即將人犯逕交該主管機關予以適當處理。

以上各項，除分令各級政府遵照外，合行佈告。仰我全區軍政民人員及民衆一體週知為要！！

此佈。

中華民國 三十四年 六月 日

專　員　張耀漢
司令員　趙基梅
副司令員　李東潮
政治委員　劉　星
副政治委員　陳雲開
副司令員　宋勵華

《山东省胶东区行政公署关于开展
群众性的防疫工作指示》

1945年
山东博物馆藏

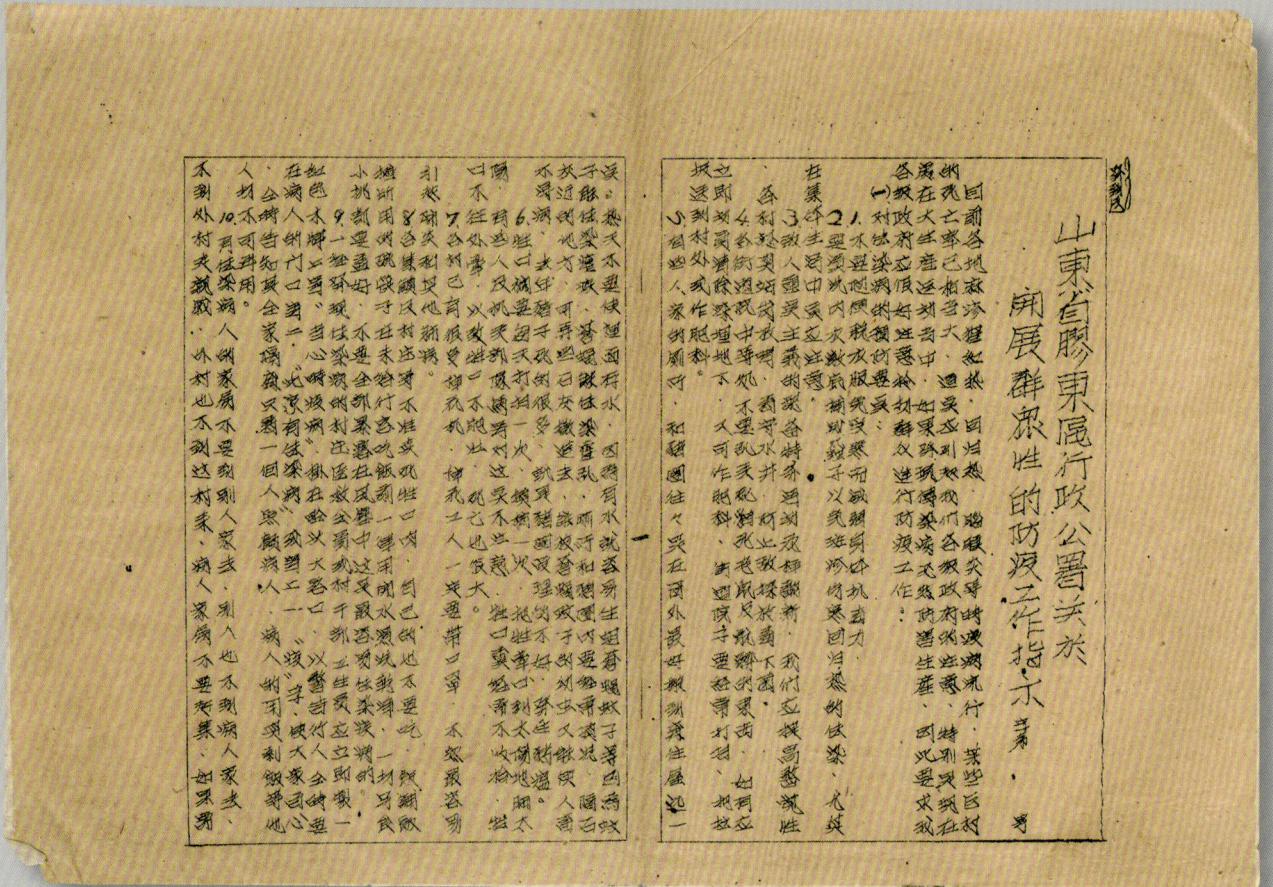

抗战时期，胶东根据地疾疫流行，麻疹、猩红热、回归热、脑膜炎等比较严重。为了保障人民群众的身体健康，胶东区行政公署颁布工作指示，在指示中，列举了十一条对传染病的预防要点和六条救治办法。如发现传染病时，可召集医救会研究急救办法；各级政府卫生部门应立即组织巡回治疗队或巡回治疗组，到流行病的村庄急救；政府人员、小学教员、医救会员应普遍进行群众性的防疫工作教育，举行清洁运动，开展群众性的卫生运动等。胶东区行政公署努力开展治病防疫和群众性卫生运动，在一定程度上改善了根据地落后的医疗卫生面貌，提高了根据地军民的生活质量。

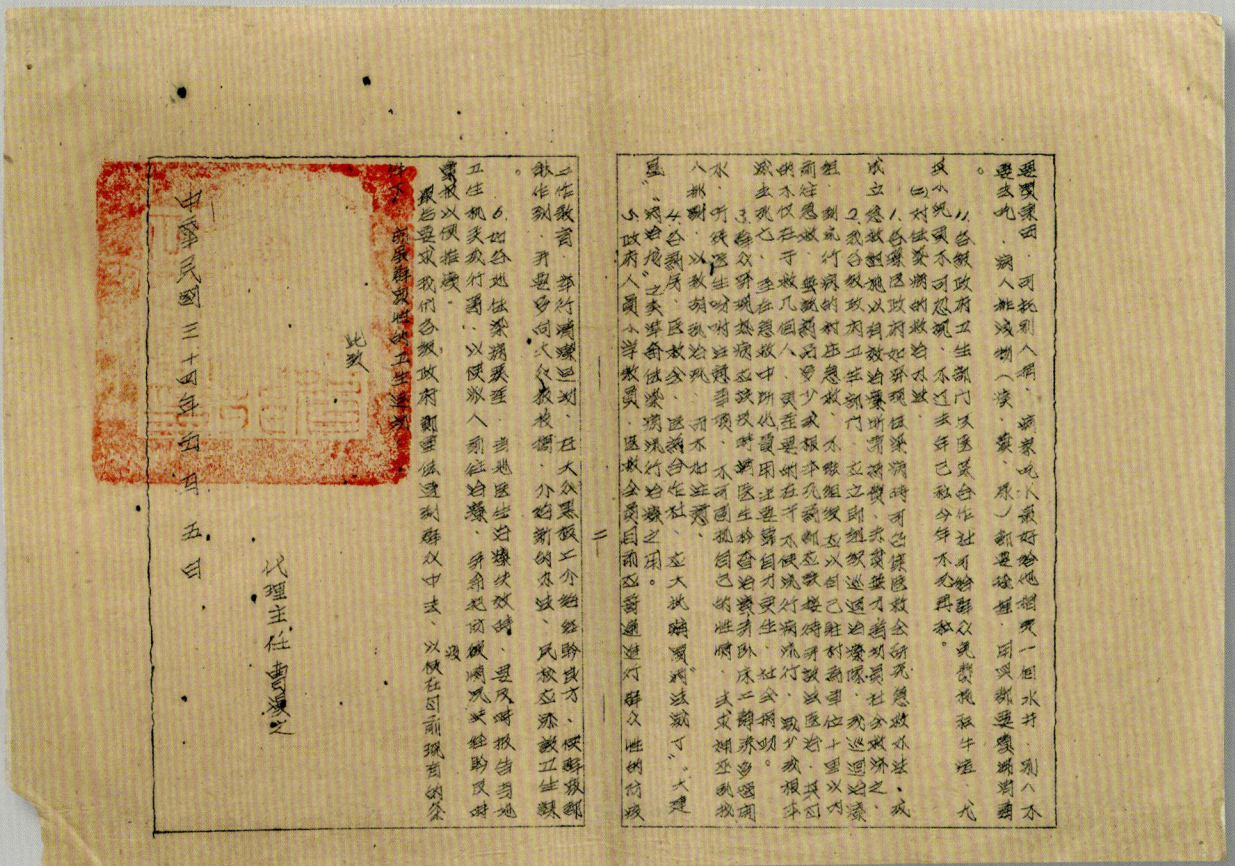

第二章

时事教育
鼓舞动员

全面抗战时期，为了更好地宣传抗日、组织民众，山东抗日根据地重视组织冬学运动。后来季节性的冬学改为常年性的民校。社会教育把文化教育和抗战教育、政治教育结合起来，与各项实际工作结合起来，取得了较好的效果。

经过各级党组织和政府的努力，山东抗日根据地的宣传文化教育事业呈现出生机勃勃的局面，既宣传了党的方针政策，广泛地宣传了马列主义，又培养了抗战急需的各类干部人才。

中共山东胶东区党委宣传部印
《目前我们究竟应作些什么》

1944年
山东博物馆藏

　　"群众工作指导丛书"第一辑，中共山东胶东区党委宣传部于1944年印。本书包括六项内容：一是时任山东省战时行政委员会主任黎玉所著的《目前究竟应该做什么？》，二是曾任冀鲁豫日报社社长、大众日报社社长等职的陈沂所著《从思想上清算和纠正代替包办错误》，以及《大众日报》的三篇社论《大生产中要贯彻查减》《再论贯彻查减》《要紧紧掌握减租政策的精神与实质》和"滨海通讯"《大店镇退租斗争怎样获得胜利》。

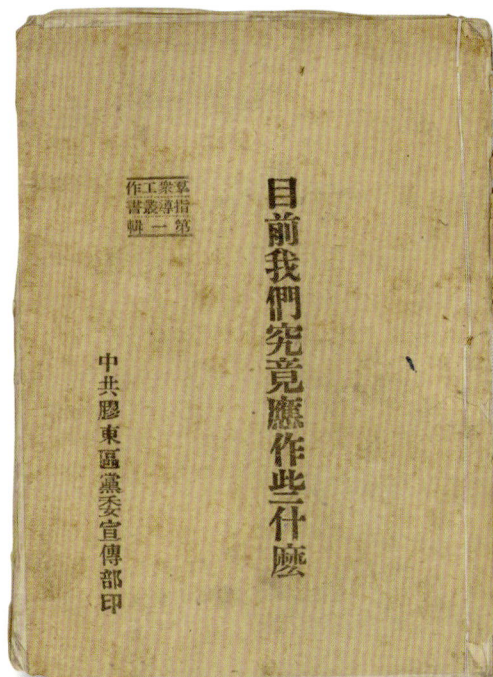

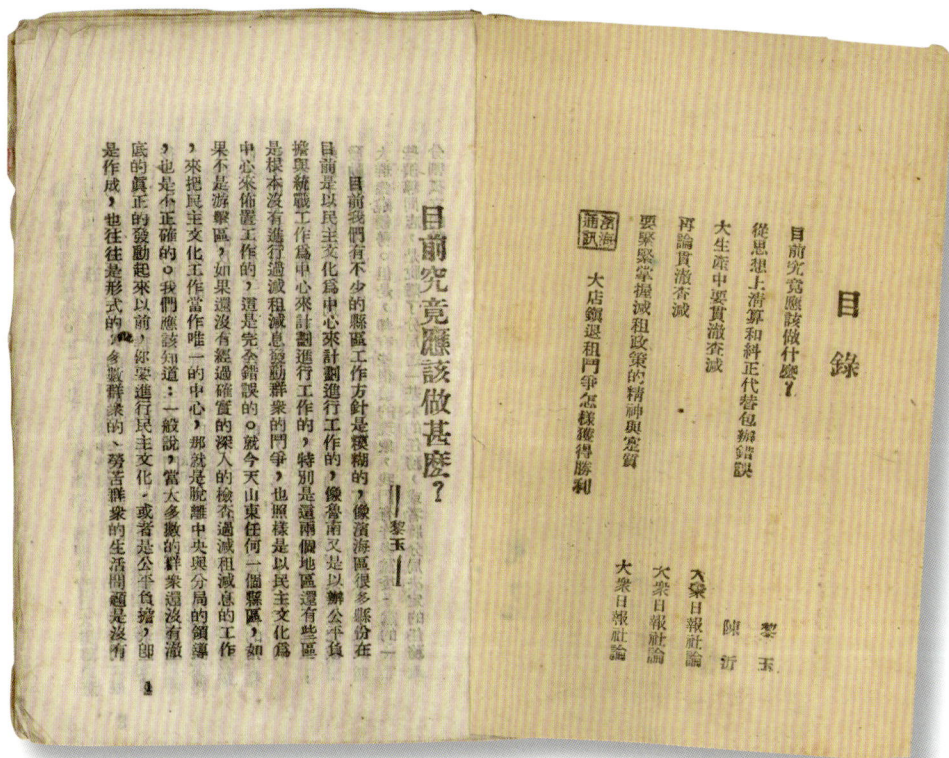

十八集团军山东胶东军区政治部编、
胶东联合社出版《前线——纪念
十月革命廿五周年》

1942年
山东博物馆藏

　　国民革命军十八集团军山东胶东军区政治部纪念十月革命二十五周年特别刊印，十八集团军山东胶东军区政治部编，胶东联合社出版。针对敌方阴谋及当时形势，指出法西斯德国是建立在强行掠夺和血腥恐怖基础上的战争机器。反法西斯阵线需要牢固紧密联系在一起，鼓舞爱好和平的人民团结一心争取胜利。

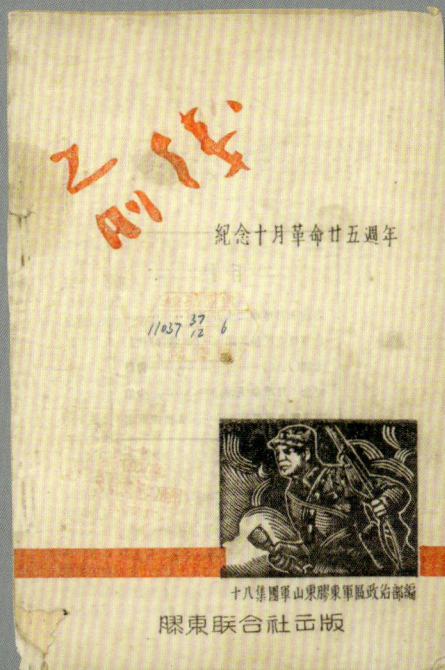

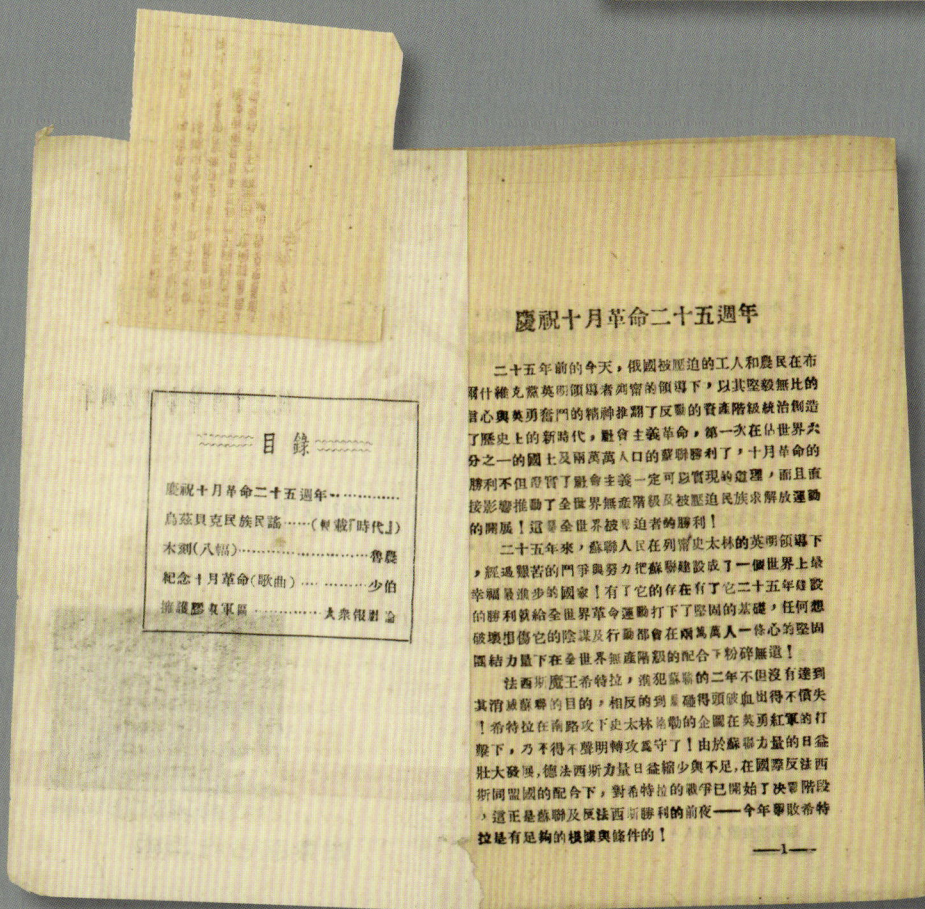

十八集团军山东胶东军区政治部
出版《前线报》（第125期）

1943年
山东博物馆藏

胶东军区政治部出版，是抗日战争时期山东军区及所属部队的重要报刊，创刊于1939年9月，前身是《胶东前线》（八路军山东第三军区机关报），1939年9月改为《前线报》。1943年春成为胶东军区机关报，1951年10月随着胶东军区撤销而停刊。《前线报》初为油印，1943年后改为铅印，刊期半月，后为旬刊、5日刊，每期页码40页至60页不等。1944年改为报纸型，8开4版。一版为新闻，二、三版为工作经验介绍、通讯，四版为副刊《战士园地》。从第185期起，由旬刊改为5日刊。

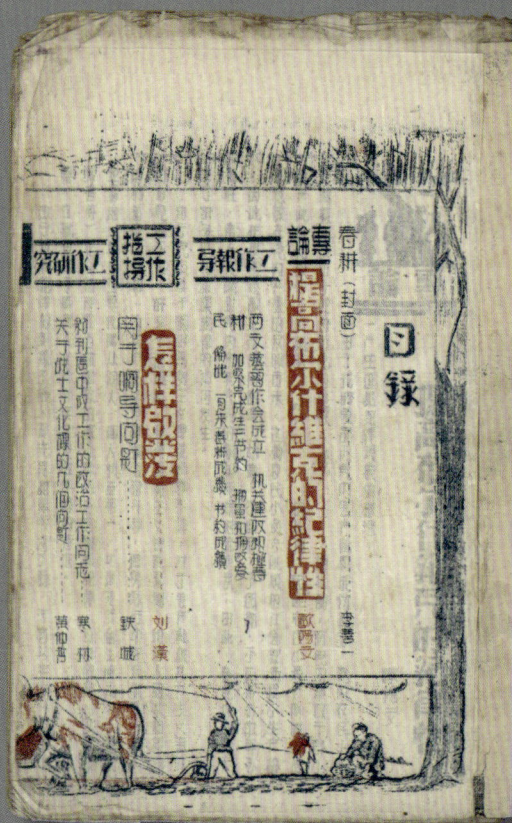

1945年党报委员会成员有胶东军区政委林浩、副司令员吴克华、政治部主任彭嘉庆等7人，彭嘉庆为主任委员。先后在《前线报》主持工作的有鲁萍、姜浪拂、丛笑难。该报重视言论工作，党报委员会的成员执笔写过不少评论文章，解决部队官兵的思想问题。

1943年《前线报》特刊刊登了1942年的政治工作总结与1943年政治工作的任务及具体内容，分析了敌后斗争的环境与面对的困难，并要求队伍开展分散游击战，准备反攻到来。1943年，中国革命形势呈现出一片欣欣向荣的景象，抗日战争虽仍处于战略相持阶段，但敌后抗战已经度过了最困难的时期，进入再发展阶段，并在一些地区开始了对日、伪军的攻势作战。通过大生产运动，敌后各根据地机关一般能自给两三个月甚至半年的粮食和蔬菜，按照当时的生活水平，实现了"自己动手，丰衣足食"的要求。

《前线报》第125期内刊载专论：《提高布尔什维克的纪律性》（欧阳文）；工作导报：《两文艺习作会成立》《机关争取积极春耕》《加紧完成生产节约》《拥军和拥政爱民》《备战》《一月来春耕成绩》《节约成绩》；工作指导：《怎样启发》（刘汉）、《关于向导问题》（铁城）；工作研究：《关于战士文化课的几个问题》（黄仲哲）等文章。

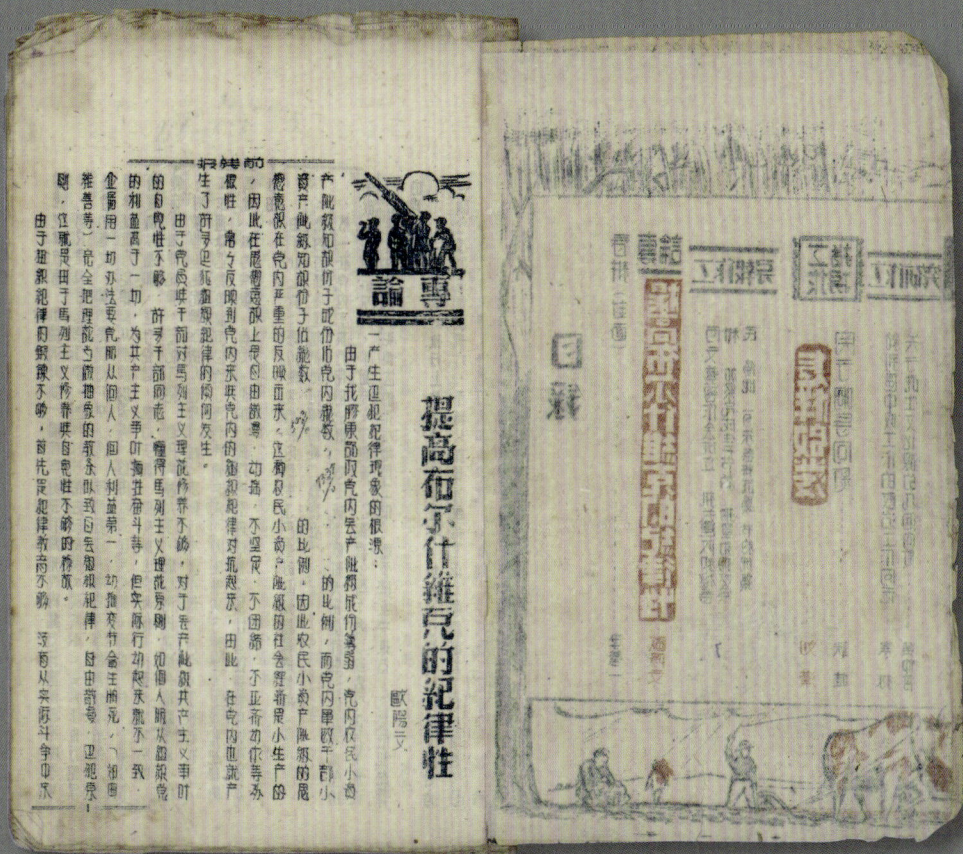

　　1940 年 1 月，抗大一分校自太行山区迁至中共中央山东分局驻地沂南县孙祖一带，先后又与一一五师教导队、山东抗日军政干部学校（简称干校）合并，分校司令部、政治部驻东西高庄，其他所属组织分驻在附近大小村庄。抗战期间，抗大一分校在沂蒙山区转战六年，培训了 1.4 万多名党政军领导骨干，为巩固和发展山东抗日根据地作出了重大贡献。

抗大一分校旧址（今山东省临沂市沂南县孙祖镇东高庄村）

中国人民抗日军政大学第一分校
毕业证书

1944年
青岛市博物馆藏

　　潍县李学正于1944年在中国人民抗日军政大学第一分校（简称抗大一分校）第四期政治队完成学习取得的毕业证书。钤时任校长袁仲贤、政治委员兼政治部主任梁必业、副校长孙继先、副教育长李梓斌之印。后有罗荣桓、黎玉、萧华题词：打通思想，改造自己，坚持游击，掌握政策，努力生产，组织群众，提高技能，准备反攻。

　　抗大一分校是培养革命军政干部的学校，1939年9月由晋东南迁至山东，次年1月到达山东，培养了大量八路军、新四军干部，为抗日战争、解放战争的胜利作出了重要贡献。

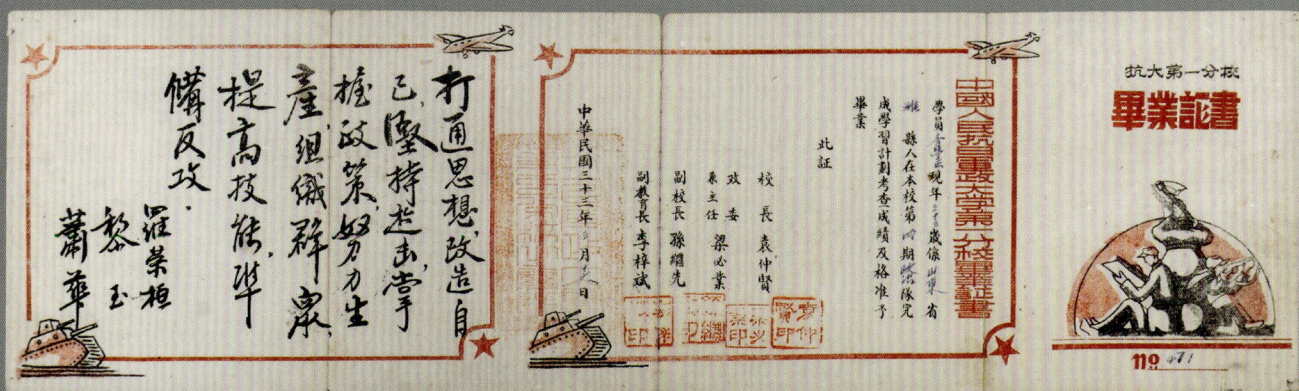

抗大一分校第三校教育处印
《政治工作简明讲义》

1942年
济南市博物馆藏

中国人民抗日军事政治大学第一分校，创建于1938年12月。抗日战争时期在山西、山东敌后办学7年，培养了2.4万余名干部。抗日战争胜利后奉命北渡渤海湾，进军东北，归属总校建制。《政治工作简明讲义》是抗大的授课内容之一，此外还有《论持久战》《党的统一战线政策》《党的建设》等。抗大教学的全过程贯彻马克思主义的基本立场、观点、方法与中国革命实践相结合的原则，着眼于转变学员思想，提高学员抗战的坚定性和自觉性；提高干部队伍的政治素质，强调战斗性和实践性。重视解决社会上各种思想倾向对学员的影响，积极做好深入细致的政治思想工作，提高学员的思想认识和政治觉悟。重视教学方法的研究，力求灵活多样。发扬教学民主，注意启发式教学。

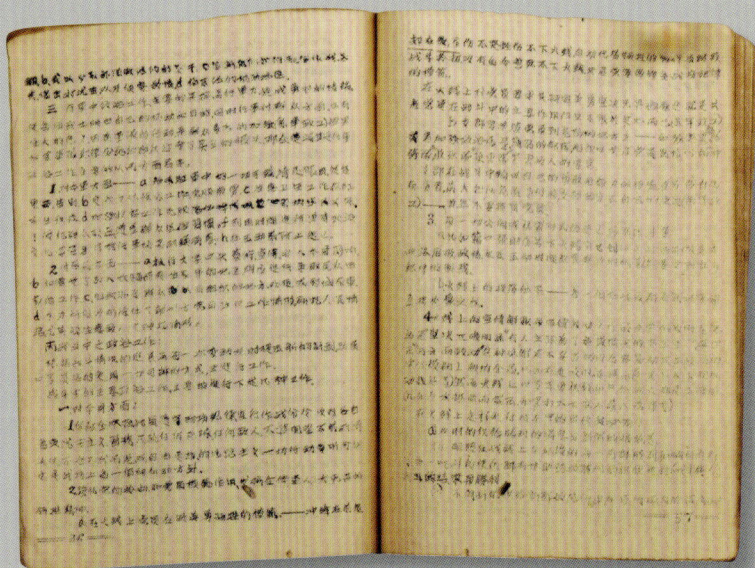

赵行志

1917—2009

江苏武进人。1938 年 8 月参加革命，同年加入中国共产党，曾在陕北公学和抗大一分校学习。抗日战争、解放战争时期历任山东纵队政治部会计、民运干事、组织干事，山东军区政治部组织部干部科科长、警卫旅二团政委。1949 年 5 月参加接管上海工作。

赵行志使用过的文件皮包

1919—1949年
临沂市博物馆藏

斜挎文件包，牛皮材质，赵行志在革命战争时期所使用。

李雷锋在抗大二分校的学习笔记

1940年
冀鲁豫边区革命纪念馆藏

李雷锋在抗大二分校时所写学习笔记《各种思想意识的错误举例》。中国人民抗日军政大学第二分校是位于晋察冀边区的学校，成立于1939年。1938年12月，以驻陕北蟠龙地区的抗大第七大队和驻瓦窑堡的抗大第一大队第一支队为基础，与抗大第二、第三、第四大队、陕北公学旬邑分校和西北抗日青年训练班各一部合为抗大第二分校。陈伯钧、邵式平、孙毅、朱子向等担任过分校领导工作，该校成立后，学员分别由陕北和关中出发，于1939年2月到达河北灵寿陈庄一带办学。9月迁到韩信台和唐县、完县边界的神南村。1943年2月返回陕北绥德，并入抗大总校。

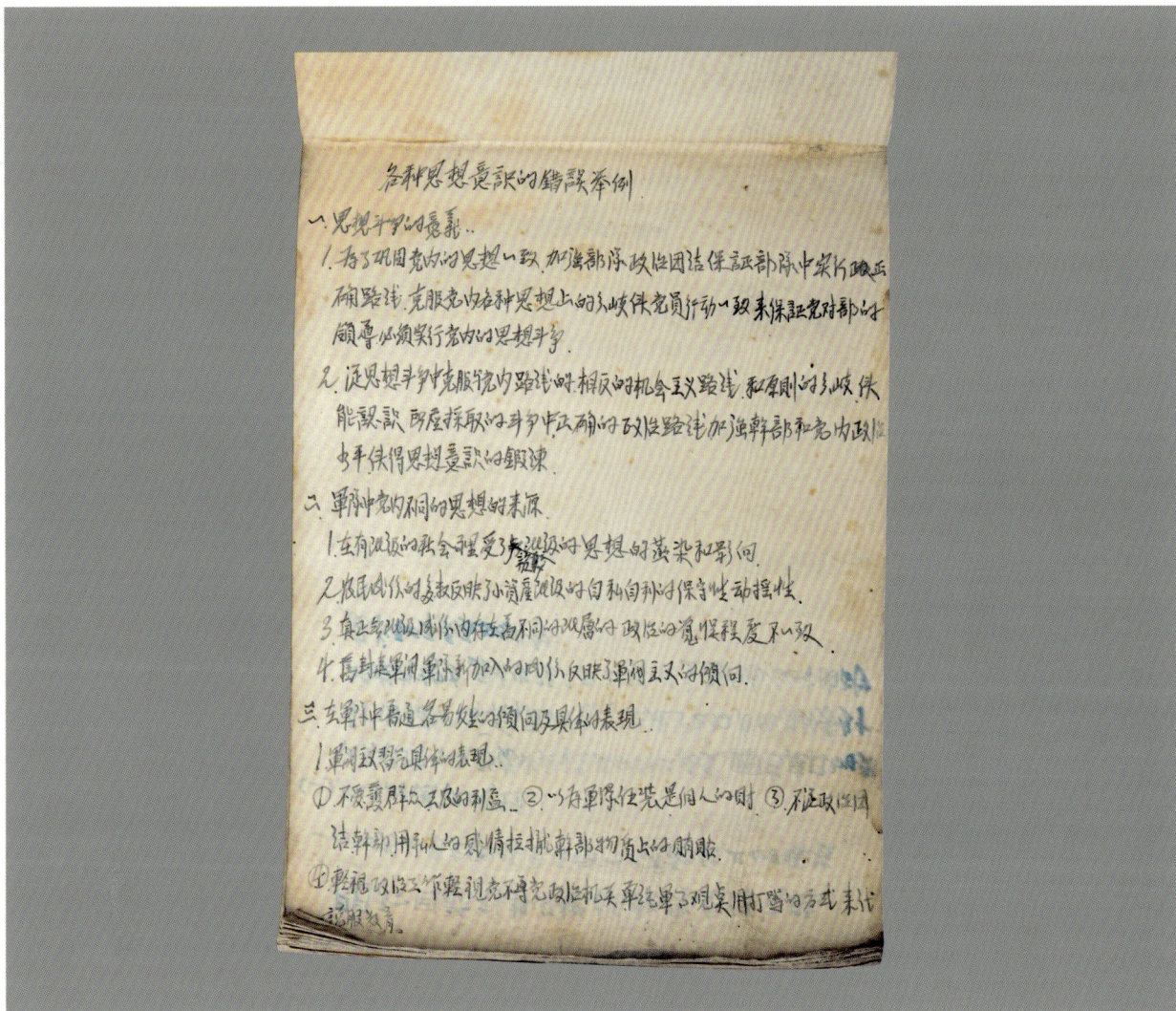

李庆海的入党志愿书

1944年
东营市垦利区博物馆（含渤海垦区革命纪念馆）藏

　　李庆海的入党志愿书，正反7页。李庆海，山东寿光人，18岁参加民兵，19岁成为民兵队长，21岁担任民兵班长。1944年8月6日申请加入中国共产党。

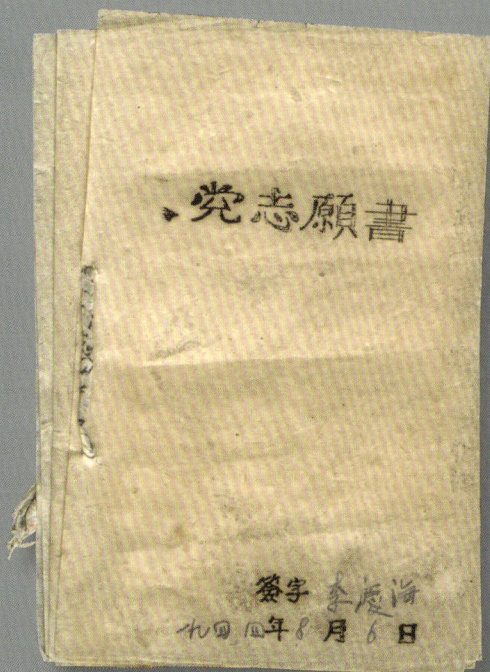

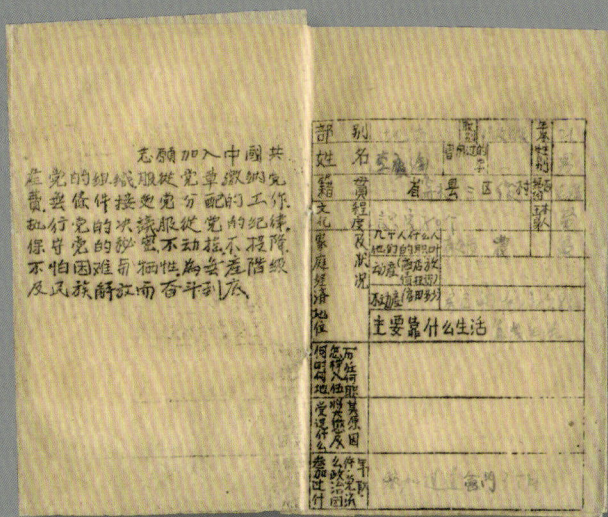

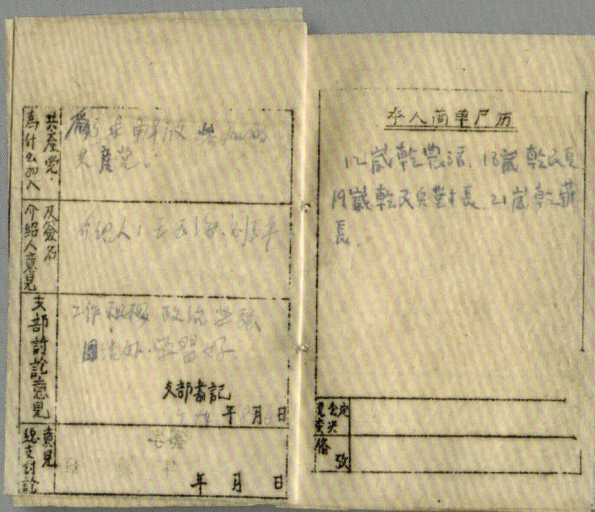

武装保卫选举的女民兵

山东妇联总会筹备会编印
《怎样办妇女训练班》

1940年
山东博物馆藏

　　山东省妇女联合会成立于1940年8月，是全省各族各界妇女联合起来的群众团体，是党和政府联系妇女群众的桥梁和纽带。8月26日出版的《大众日报》，印发"前哨妇女"专版。专版刊发《庆祝山东妇联总会的成立》稿件，记录了山东妇联总会于1940年8月6日正式成立的盛况。在那个报纸版面稀缺的年代，以一整版报道山东妇联总会的成立，足见我党对妇联工作的重视。

　　1940年7月26日，山东省战时工作推行委员会和山东省临时参议会成立，标志着山东抗日民主根据地的正式形成。山东抗日民主根据地实行文化改革，颁布《山东省战时国民教育实施方案》，办起大批中小学，发展以冬学、庄户学、识字班为主要形式的成人教育。山东妇联总会筹备会编印《怎样办妇女训练班》，从为什么要办训练班、办什么样的训练班以及怎么样办训练班三个方面详细阐述了办妇女训练班的必要性和重要性，最后还制定了结业方式。积极培训妇女积极分子，选拔女干部，建立各级妇救会、青妇队、妇女自卫队、妇女识字班，不断地扩大妇女专职干部队伍。

怎样办妇
女训练班

山東妇联总會籌備會編印
1940年

怎样办妇女干部
训练班

一 為什么要办训練班

"為什么要办训練班呢?"很简单,為了大批的培養干部,提高干部的政治水平与工作能力",这樣的回答是非常不夠的,那么為什么要办训練班呢?

(一)大批培養新干部——妇女工作開展了,各地的妇女團体都組織起来了,原来的干部不夠用了,新地區的工作沒有干部去開闢,新開展起来的妇女團体沒有干部去領导,從工作中提拔地培養干部已經趕不上需要了,而抗戰的相持階段,更要求我们動員与組織更廣大的妇女来支持抗戰,辨養干部的問題就成了開展妇女工作的基本問題了,開办训練班,大批培養新干部,就成了解决这个問題的唯一好方法了。

(二)提高干部的工作能力——由於工作的開展而提拔不少的提拔干部,因此許多工作能力辨差沒有工作經驗的干部就被提拔来担任了

胶东联合社翻印
《论妇女解放与妇女干部的修养》

1942年
山东博物馆藏

　　朱瑞著，胶东联合社1942年7月翻印本。中共中央山东分局书记朱瑞1941年在各界救国会及分局直属机关干部会议上作"论妇女解放与妇女干部的修养"专题报告。该书共四部分：①妇女与社会；②论妇女解放；③妇女干部的修养；④恋爱与婚姻。该著作从历史发展的角度剖析妇女在社会发展中的地位和作用，号召全中国妇女满腔热忱地投入到当时的全民抗战、民族解放运动中去。

　　抗日战争时期是山东妇女运动蓬勃发展的阶段。山东妇女以自己的斗争实践，在妇女运动史上写下了光辉的篇章。抗日武装建立之后，在部队的女战士便调至地方工作，发动群众，创建抗日根据地，支援抗日军队。她们坚定地走与工农相结合的道路，改变装束，到最艰苦的农村去，扎根群众，宣传群众，组织群众支援军队。她们在农村培训妇女积极分子，选拔女干部，建立各级妇救会、青妇队、妇女自卫队、妇女识字班。不断地扩大妇女专职干部队伍，培养了妇女运动的领导骨干。1938年底到1939年夏，各地妇救会员就发展到30多万人，女自卫队员和女民兵约有2万人。妇女干部中，相当一部分领导骨干，曾进各级党校、各种干校和各种训练班学习。胶东区党委党校1940年2月至1943年春，共培训女干部400多人。通过不断的学习和斗争锻炼，她们逐步成长起来，形成一支坚强的骨干力量。正如徐向前在1940年三八妇女节为鲁南妇女救国会的题词中所说："没有广大的妇女起来参加抗战救国，则抗战建国的伟大事业的胜利与完成是绝对不可能的！"

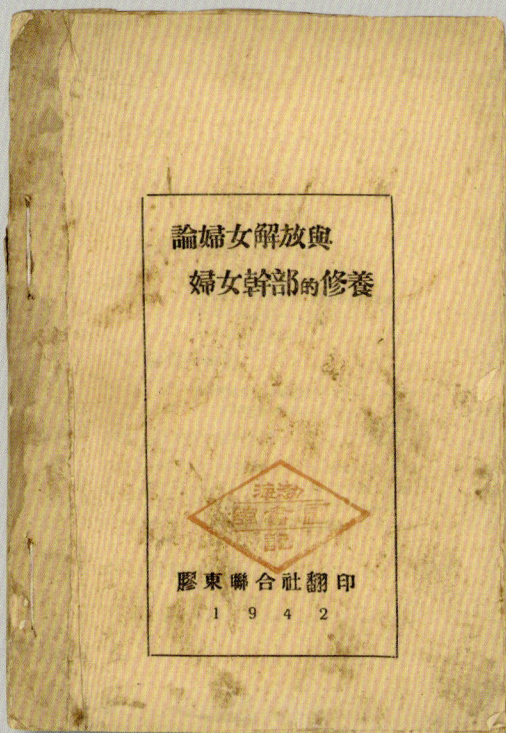

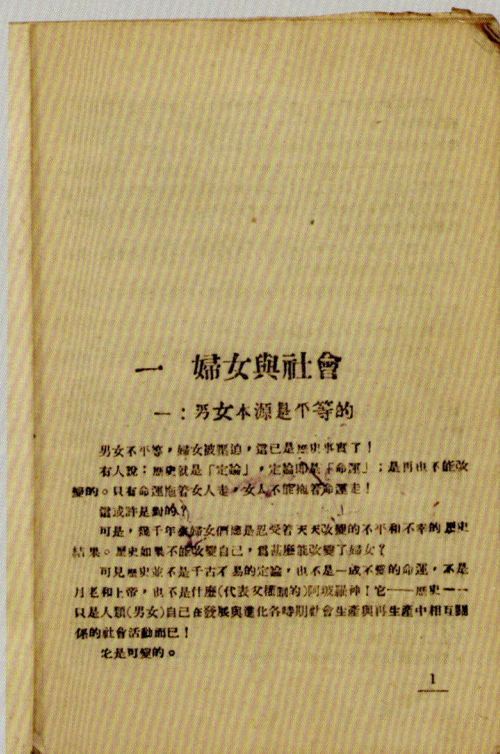

山东省妇女救国联合总会主办
《山东妇女》（创刊号）

1941年
山东博物馆藏

　　《山东妇女》于1941年3月8日创刊，由山东省妇女救国联合总会主办，戈明任主编。山东省妇女救国联合总会编印出版。铅印。发刊词由时任中共中央山东分局书记的朱瑞撰写。本期刊物内有插图，号召妇女地位平等，保护妇女，实行政府保障女权的进步法令，反对不讲人道的买卖婚姻，反对一夫多妻制。

　　《山东妇女》所刊文章从国际、国内大局出发，着力推动山东抗日根据地的妇女运动，宣传组织妇女参加生产运动和生产小组、筹办姊妹剧团、组织农村各阶层妇女的力量，探讨妇女解放问题，并有山东三八妇女节纪念大会致国际、国内妇女领袖人物电。内容皆深入浅出，配合诗歌、木刻人物肖像插画等，图文并茂。刊物刊登上级党和政府关于妇女工作指示，反映山东抗日根据地妇女教育、生产、斗争等方面的事迹报告和总结；文章多是抗战时期山东主要领导干部所写，如山东纵队司令部供给部政委兼山东分局秘书长艾楚南，山东纵队宣传部部长、省战工会委员刘子超，山东省参议会参议员、省战工会委员、山东省文化界救国协会会长李竹如等。《山东妇女》在山东抗日根据地妇女界产生了比较大的影响。

山东省妇联总会编
《山东解放区的妇女》

1946年3月
山东大学图书馆藏

　　山东省妇联总会编，山东新华书店出版。《山东解放区的妇女》创刊于1946年3月8日，只出版了1期。开篇以《山东妇女在抗日战争中的贡献与今后努力的方向》作概述，内容主要宣传山东妇女在八年抗战中的感人事迹，有在敌人刀枪威逼下不屈不挠、英勇牺牲的妇女领袖，坚持敌占区工作的妇救会员；也有后方拥军优抗劳动模范、纺织生产模范、识字班妇女。文字生动形象，兼有连环画、木刻、歌曲等形式，附有莒南县女参议员等珍贵照片和妇女支援前线工作的部分统计数字。《山东解放区的妇女》是山东解放区妇女用自己的血汗绘出许多英雄悲壮、可泣可歌故事的生动印证！

　　山东省妇联总会，全称山东省妇女救国联合总会，1940年8月成立，1944年7月，改称山东妇女抗日救国联合会，主要任务是培养基层妇女干部，发展妇救会会员，发动广大妇女群众进行抗日斗争。山东省妇联总会的成立标志着山东妇女运动进入一个新的历史发展阶段。

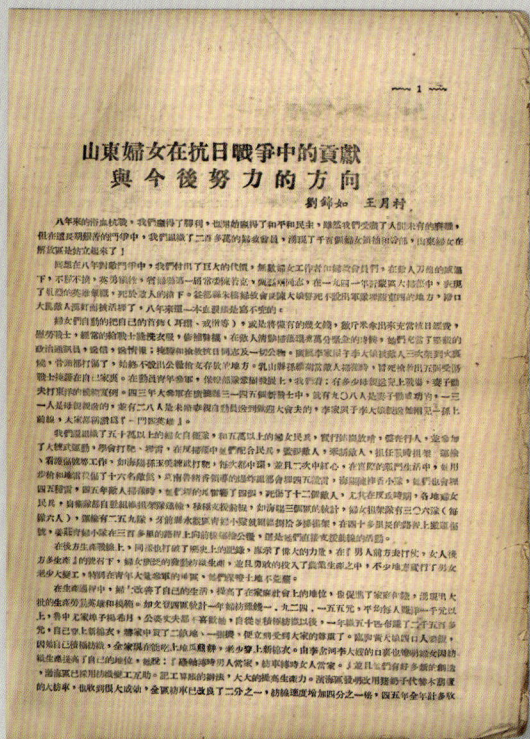

王斗生

山东莱阳人。曾在烟台益文学校读书。1938年参加抗战，12月加入中国共产党。1939年春季被中共胶东区委秘密派到烟台从事党的地下工作。1939年7月任中共烟台地下支部书记。同年9月支部改组为市委后，任中共烟台市委书记。1941年3月因组织活动暴露，离开烟台回胶东区委工作。中华人民共和国成立后曾在青岛市科委工作。

中共烟台市委书记王斗生摘录的
党员教育材料汇编手抄本

1939—1941年
烟台市博物馆藏

1938年2月，日军占领山东烟台，中共烟台地下党组织活动处于白色恐怖笼罩之下，共产党员面临被捕坐牢的威胁。中共烟台市委书记王斗生将中国共产党中央理论刊物《共产党人》登载的黄霖撰写的《关于被捕坐牢的一些经验》一文抄录，向烟台市中共地下党员进行教育，要求他们做好思想准备，以防不测发生。

大众日报社出版《大众》（第三十六期）

1940年
山东博物馆藏

　　大众日报社出版《大众》（第三十六期），半月刊，铅印。中国共产党历来重视报刊和舆论工作，把它当成团结人民、教育人民、打击敌人、消灭敌人的有力武器，当作交流情况、指导工作的有力工具。全面抗战爆发后，山东省国民党当局控制的大小报刊几近销声匿迹，而共产党主办的各类报刊却迅速发展起来。

　　1938年9月，《大众》半月刊在沂南岸堤创刊。是年7月，中共中央决定将山东省委改为苏鲁豫皖边区省委，9月，先行创刊了党内半月刊杂志——《大众》。1939年1月1日，《大众日报》在沂水县王庄创刊，《大众》半月刊继续以大众日报社的名义出版发行。本期载文为《国民教育发展中的几个问题》（李竹如）、《帝国主义战争的发展》（刘子超）、《展开反投降分裂的运动与建立深入切实的宣传工作作风》以及"鲁南民运工作总结专号"版块文章，进行更广范围的抗日宣传，鼓舞军民抗日斗志，丰富山东抗日根据地的文化生活。

國民教育發展的幾個問題　李竹如

一年來的魯南民眾運動與今後的緊急任務

群众出版社出版《群众》（复刊号）

1940年9月1日
山东博物馆藏

群众出版社出版。1940年《群众》复刊号分为专载、论述、社论选粹和电文两通四个栏目，刊登《抗战中两条军事路线与反对投降派与反共派的斗争》《山东文化运动发展的新阶段》和《加强清河区文化救亡战线》等8篇不同类型的文章，从马克思列宁主义出发，更多地从理论的角度出发，宣传抗日战争的正义性和抗日战争胜利的必然性。

为了巩固和发展抗日民族统一战线，《群众》期刊于1937年12月11日在武汉创刊，半月刊。刊物通过理论文章、木刻版画、诗歌、广告等多种形式对广大人民群众开展政治动员和思想解放。《群众》是抗日战争时期和解放战争时期中国共产党在国民党统治区唯一公开出版的政治理论刊物，尤其在全面抗战初期，充分宣传了开辟抗日根据地、开展游击战与运动战、联系群众抗日、扩大抗日战果和动员军队的重要性。《群众》杂志进行了多样化、多维度的卓有成效的社会动员，为宣传党的抗日民族统一战线、动员一切可以团结的力量作出了重要贡献，有效地传播了中国共产党的抗战主张，塑造了中国共产党领袖群体的形象。1938年10月25日该刊从武汉撤退到重庆继续出版，在重庆战斗近8年。

詞，願聞明教。是安民眾謝汪挑蔣大會主席團，及全體
民眾三萬人同叩。

編後

群眾在各位全志的幫助與鼓勵之下，終於呱呱墜地
了，她是繼續着過去，出了三期而夭逝的群眾半月刊的
傳統（但我們不希望她繼續"天逝"的傳統）而仍與群
眾報為姊妹刊物，因為我們人力物力條件之困難，我們
不敢再叫她"半月刊"而直接了當的叫她"群眾"。

請各位讀者原諒！在這個平原地帶出版一個刊物，
各觀環境上給予的困難，交通之阻梗，參攷材料之難收
集，在別地是新鮮豐富的東西，一起輾轉傳遞到清河，
已成為歷史上的文獻，就是這些歷史上的文獻，也貧困
的可憐"材料處慌"這是我們感覺到第一流困難。

其次是人手的缺之，我們努力找一個全志專門編纂
刊物，但終於找不到，依然是唱獨角戲，在百忙中由幾
個全志兼任編輯，在各人都有主要工作的匆忙中找一個
空閒來編輯這個刊物，內容不能豐富，不能按時出版是
在預料之中的。

但是我們還是用最大的努力使這個清河碩僅有的"
群眾讀物"壯大健實起來，至少是不脫期，雖然將"半
月刊"字樣取消，我們用最大努力使她仍按半月出版一
期。因為廣大的群眾正在感到精神糧食的缺乏，如果沒
有重大的變動我們絕不偷懶使她脫期的。

48

最後我們希望各地愛好本刊的全志，多，給些幫助
關於內容編輯、印刷、裝訂、投稿或介紹名著。這些都
是本刊所迫切歡迎指正與賜教的，總之充實與壯道這個
群眾讀物不僅是我們負責籌辦的幾個全人的責任，凡文
之界全志都有使她進步到更適宜於一般群眾口味的責任
的。

——完——

49

山东省抗战建国学校第一期政教队学员
滕胜的毕业证书

1943年
青岛市博物馆藏

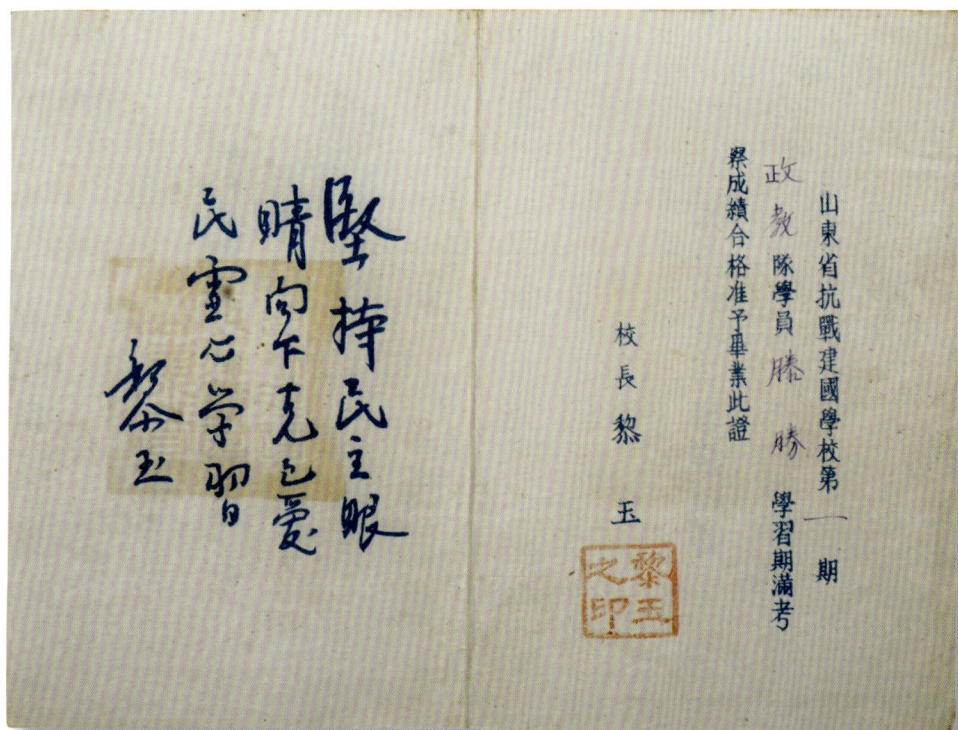

山东省抗战建国学校毕业证书，内有黎玉的题词"坚持民主，眼睛向下，克己爱民，虚心学习"。证书内页书写"山东省抗战建国学校第一期政教队学员滕胜学习期满，考察成绩合格，准予毕业，此证。"后钤"黎玉之印"朱文方印。封底日期标注为"中华民国三十二年八月一日"，上钤"山东省抗战建国学校钤记"朱文方印。

1941年抗日战争形势恶化，根据地陷于蚕食分割封锁状态，培养大批能够坚持斗争掌握政权的干部显得更加重要。山东省战时工作推行委员会决定建立抗战建国学校。山东省抗战建国学校前身是抗大一分校的建国大队和省战工会直接领导的财经学校。1942年，省战工会决定将两校合并成立山东省抗战建国学校，由省战工会直接领导。省战工会主任委员黎玉任校长。建校仅有两年的历史，训练了三期学员。

渤海垦区新华小学副董事长王芝泉戴过的折叠眼镜

抗日战争时期
东营市垦利区博物馆（含渤海垦区革命纪念馆）藏

渤海垦区新华小学副董事长王芝泉戴过的折叠眼镜，镜框为铜质，镜腿可折叠。

新华小学建于1943年，是渤海垦区抗日民主政府在抗日战争时期通过募捐创办的第一所小学。由垦区开明士绅王芝泉和区政府干部刘之申具体负责筹办。新华小学的管理采取董事会制，王芝泉任副董事长（主持学校工作）。学生多为革命干部子女和农村儿童。

焦延荣

1899—1944

　　又名焦姬光，山东历城人。焦延荣自幼读书，历城乡村师范第一期毕业生，毕业后在本村任教员。1937年参加革命，1940年加入中国共产党，曾任泰历县参议员。1942年，中共泰北县委决定成立南高而儿童剧团，由焦延荣主持筹备。4月，南高而儿童剧团成立，焦延荣任团长兼编剧。因南高而设有日、伪据点，剧团不能公开活动，但仍排演了一些提倡新文明、新生活、反封建迷信的节目，如《河伯神娶媳妇》《贾四温（假斯文）写信》等，很受群众欢迎。1943年秋，南高而日、伪据点被拔掉。南高而儿童剧团排演了许多抗日节目，其中有歌颂毛主席的《花灯》，表现地雷战的《活报剧》，反映送子参军的《砸沙锅》，还有小歌剧《归队》《兄妹开荒》《夫妻识字》及部分大鼓、快书、双簧、拉洋片等小曲艺，在泰历边区巡回演出。1944年4月21日，泰历县参议会上，焦延荣被选为参议员。1944年冬，日、伪军对南部山区"扫荡"时，焦延荣在邱家庄被捕，英勇牺牲。

焦姬光的小学教员服务证明书

抗日战争时期
济南市博物馆藏

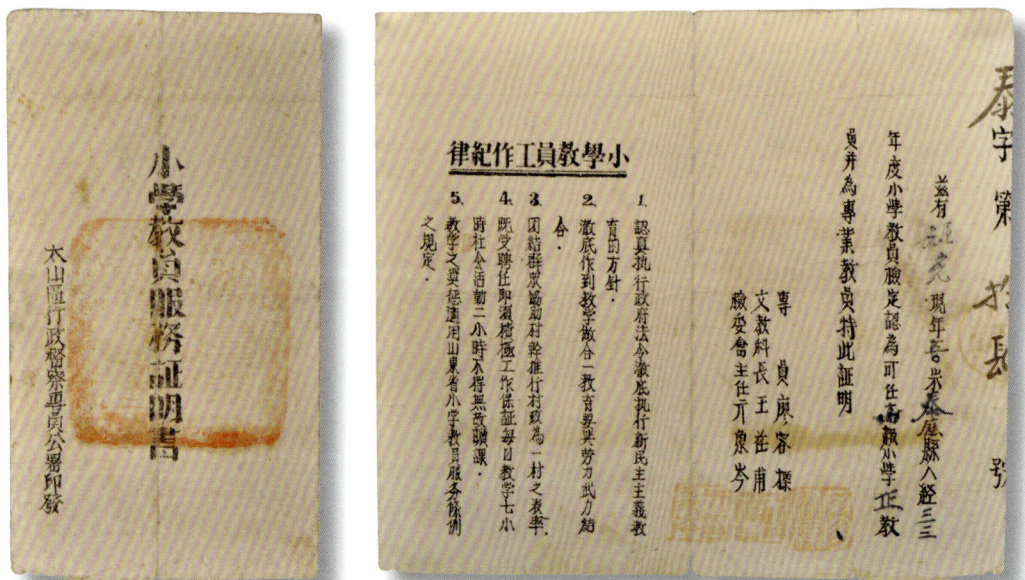

"敌国'天皇'发表投降'诏书'"
漫画传单

抗日战争时期
济南市博物馆藏

　　山东解放军第四前线部队（渤海八路军）印制。1945年8月14日，日本天皇发布《停战诏书》。1945年8月15日，日本天皇向全国广播接受《波茨坦公告》。9月2日，日本政府代表正式签字无条件投降。徐永昌代表中国政府在日本投降书上签字确认。9月2日上午9时，日军受降仪式在停泊于东京湾的美国战列舰密苏里号上举行。日方代表新任外相重光葵、陆军参谋长梅津美治郎在投降书上签字。此传单极大地振奋了山东军民的抗日信心和决心。

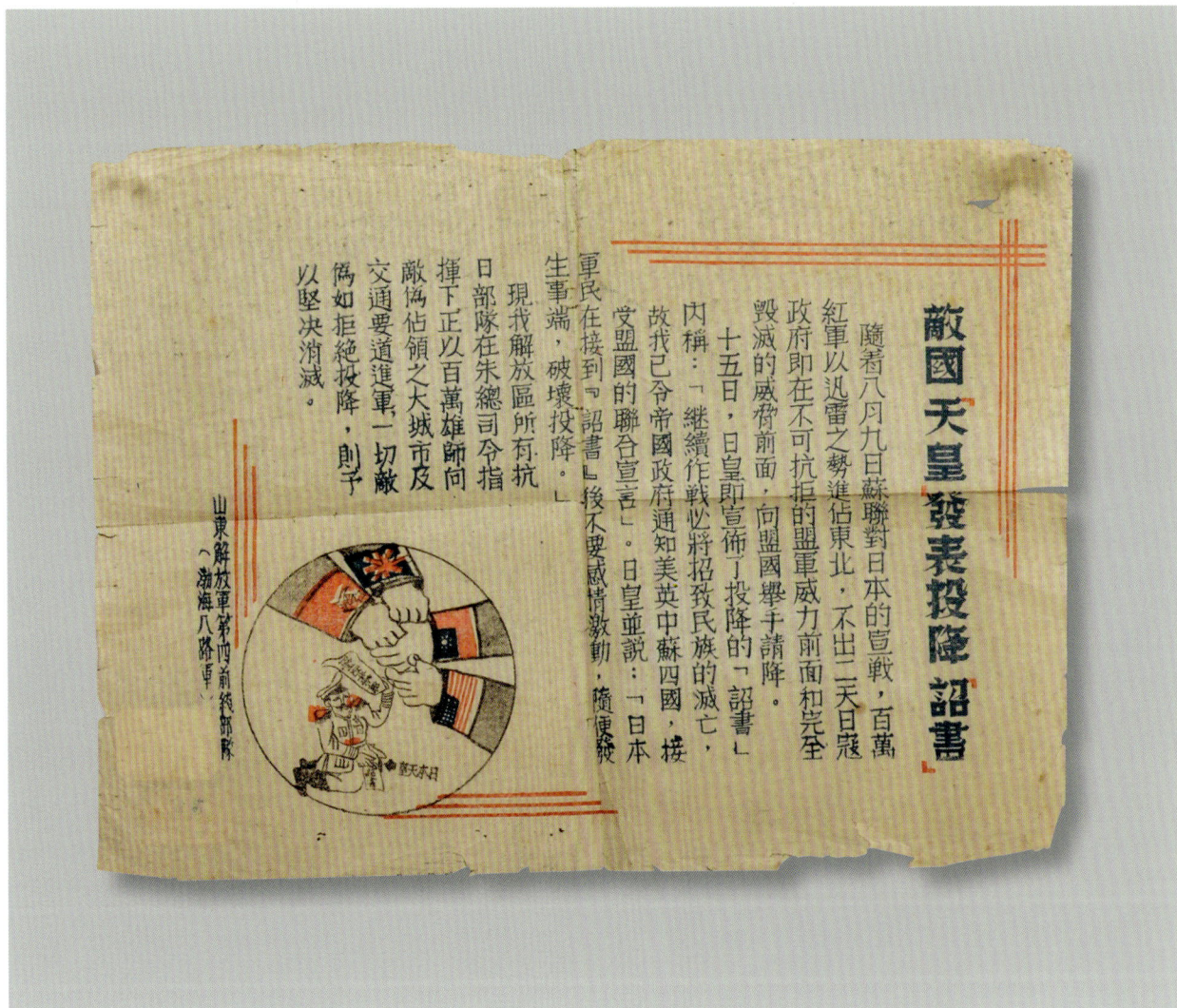

1945 年 9 月 2 日，在日本东京湾的美国军舰密苏里号上，日本代表签字投降。

当时苏联代表杰列维扬科中将在日本投降书上签字。右立者为日军参谋总长梅津美治郎和日本外相重光葵。

胶东联合社印《苏联十月革命二十五周年史大林的报告》

1942年
山东博物馆藏

胶东联合社于1942年印《苏联十月革命二十五周年史大林的报告》。报告中谈到了苏联后方人民进行卫国战争的同时，克服困难完成极其复杂的组织工作。在苏德战场上的军事行动，助力保障红军对德国法西斯军队实施进攻战役和防御战役。报告中还分析了关于欧洲第二战场的相关问题，苏联、英国和美国反对希特勒德国及其欧洲盟国的战斗联盟等。报告在中国的刊印，鼓舞了中国人民抗战的信心。

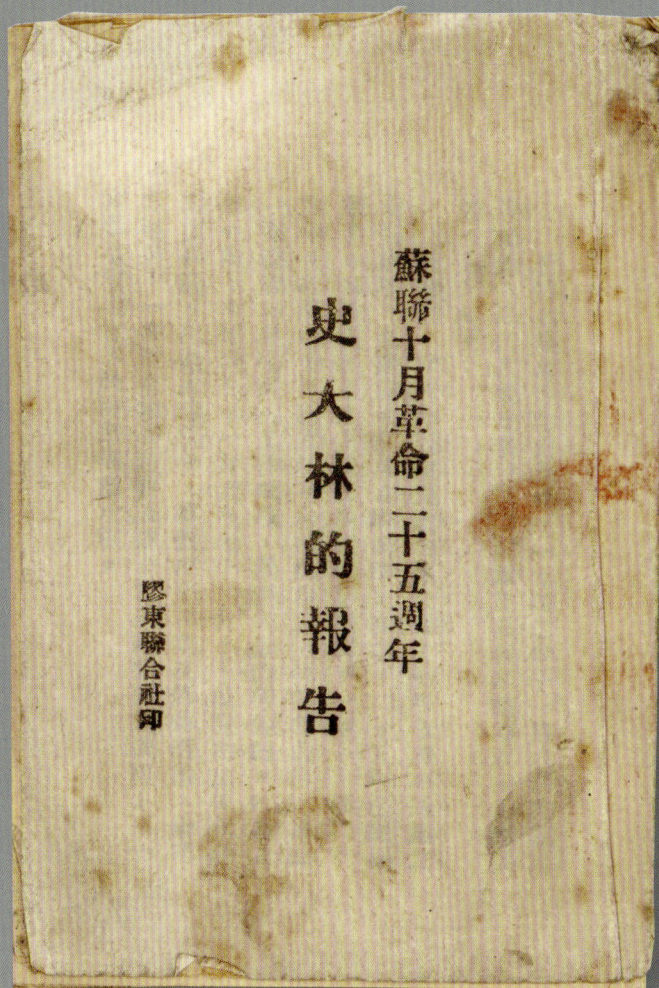

蘇聯十月革命二十五週年

史大林的報告

膠東聯合社印

中共胶东特委（中共胶东区委）主办
《大众报》

1941年5月
烟台市博物馆藏

　　《大众报》是中共胶东特委（中共胶东区委）直接领导和创办的党报，是抗战时期山东省内创办最早的主要党报之一，于1938年在黄县创刊。《大众报》作为中共胶东区委的喉舌，在战火中诞生，历经抗日战争、解放战争两个时期，在艰苦的环境中逐渐发展壮大。在宣传党的路线、方针、政策，鼓舞人民群众勇敢对敌斗争和积极进行生产建设等方面发挥了重要作用。至1950年由于中共胶东区委的撤销而终刊。

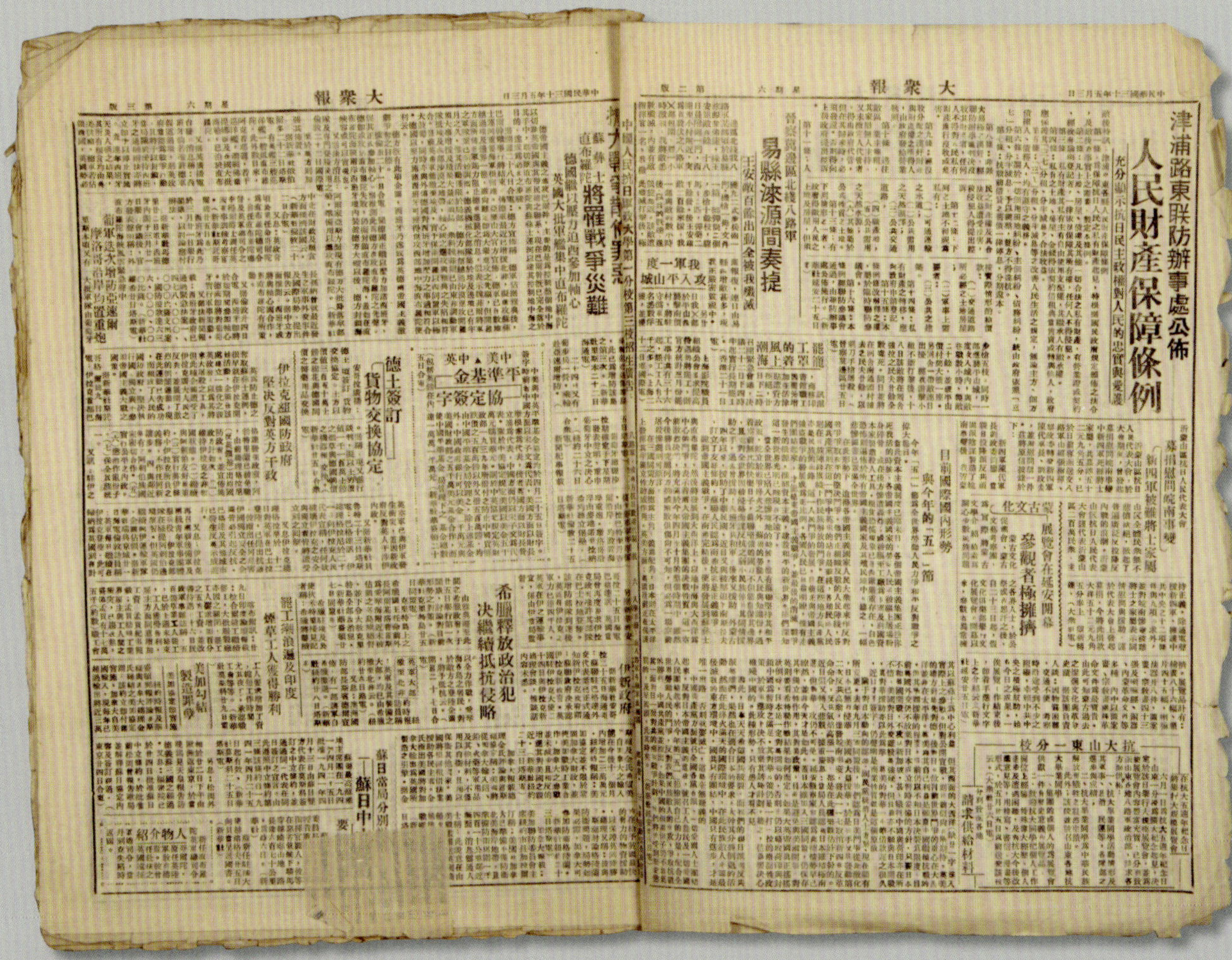
大衆報

津浦路東联防辦事處公佈

人民財產保障條例

易縣淶源間奏捷

我軍一度攻入平山城

將羅戰爭災難

德國以暴力迫西參加軸心

德士簽訂貨物交換協定

中美英平準基金協定簽字

伊拉克組國防政府堅決反對英方干政

希臘釋放政治犯決繼續抓抗侵略

目前國際國內形勢與今年的「五一」節

新四軍被難將士家屬

參觀者極擁擠

抗大山東一分校

人物介紹

大衆報

大众日报社重印《大众日报》
（1940年1—3月合订本）

1960年
临沂市博物馆藏

　　《大众日报》1940年1—3月合订本，1960年7月由大众日报社重印出版。

　　《大众日报》作为中共山东省委机关报，是创刊最早的省级党报之一，也是连续出版时间最长的党报。1939年1月1日在沂水县王庄创刊，是中共中央山东分局机关报（1947年1月1日至1949年4月1日曾为中共中央华东局机关报）。最初是三日刊，2月改二日刊，因系战争年代，油印、石印、铅印并用，环境恶化时数次短暂停刊。自创刊至1947年9

月从莒南县大店转移去五莲县境内，在临沂地区度过8年10个月。在这段时间内，包括社长、报社管委会主任李竹如在内先后有500多位同志牺牲，为宣传抗战和民族解放作出了贡献。离开临沂时，干部职工由初建时的50多人发展到1200多人；从老四开机、八开机、脚蹬机各一部，二、三、五号宋体铅字各一副，发展到4个分厂规模，不仅保证及时出报，还能印制大量书刊、文件。

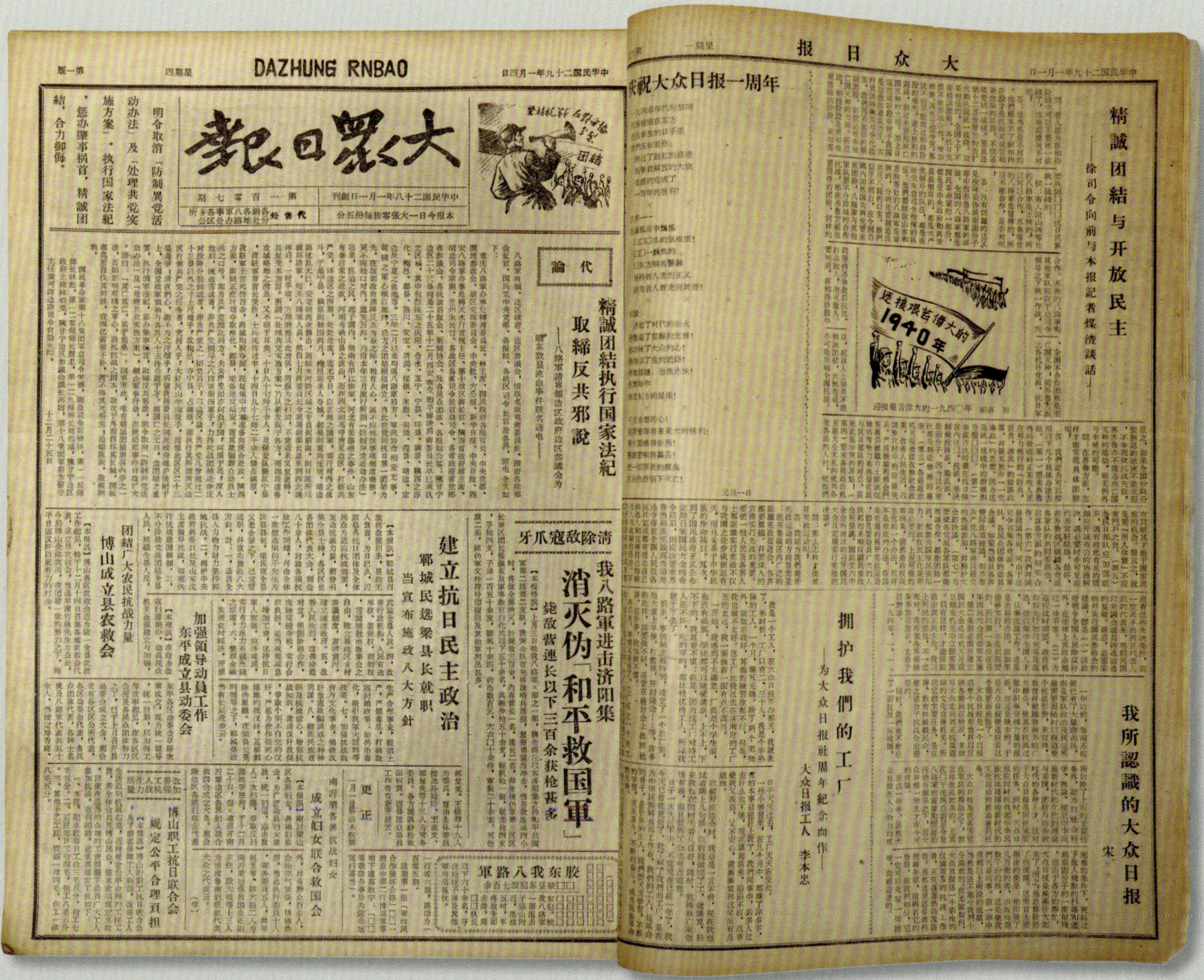

大眾日報

DAZHUNG RNBAO

第一版 星期四 第一百二零七期 中华民国二十八年一月一日创刊

代 論

精誠團結執行國家法紀

取締反共邪說

明令取消「防制異黨活動辦法」及「處理共黨問題實施方案」，執行國家軍法紀，懲辦軍事摧言，精誠團結，合力倒敵。

涛敌寇爪牙

消灭伪「和平救国军」

我八路军进击济阳集

建立抗日民主政治

鄆城民選梁县长就職

當宣布施政八大方針

加強領導動員工作

东平成立县动委会

團結一大众民抗敌力量

博山成立县农救会

成立妇女联合会

博山順工抗日联合会

胶东我救国军

膠定公平合理負擔

軍路八我东救国軍

大眾日報

慶祝大眾日報一周年

中华民国二十九年一月一日

精誠團結與開放民主

—— 徐司令向�与本報記者談話記 ——

庆祝我们伟大的1940年

拥护我们的工厂

—— 为大众日报社周年纪念而作 ——

大众日报工人 李本忠

我所認識的大眾日報

宋

鲁中区各界抗日救国联合会主办
《鲁中大众》（1945—1946年）

1945—1946年
临沂市博物馆藏

　　《鲁中大众》于1944年5月1日在沂南隋家店创刊，由鲁中区各界抗日救国联合会主办，王伯萍担任主编，报纸为四开四版，刊期为周二刊，铅印。经鲁中区党委同意，《鲁中大众》业务上接受鲁中区委机关报《鲁中日报》编委会的领导，由宫达非负责指导、审查《鲁中大众》的主要稿件和大样。该报最显著的特点是它面向广大的人民群众，主要报道群众工作的动态和经验、群众文化活动。此外还开辟了许多专栏，介绍一些抗日作战的故事、常识，定期刊登"学文化"识字课，广受群众欢迎。1945年8月抗日战争胜利后，因鲁中区抽调大批人员赴东北工作，鲁中区党委决定停刊《鲁中大众》。1945年9月，中共鲁中区委决定创刊新的《鲁中大众》作为区党委机关报，四开四版，刊期为三日刊，铅印，由宫达非任副社长兼总编辑，孔繁洲、郑炬云先后任副总编辑。该报纸于1948年2月停刊。

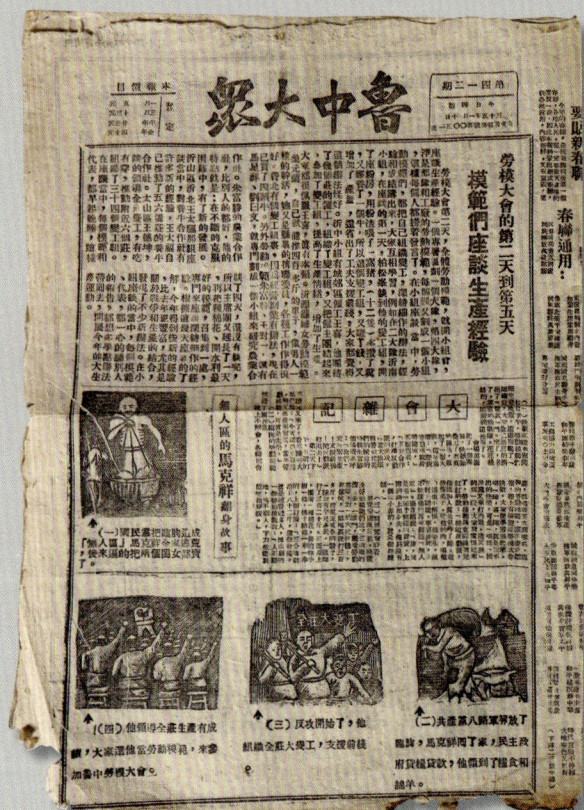

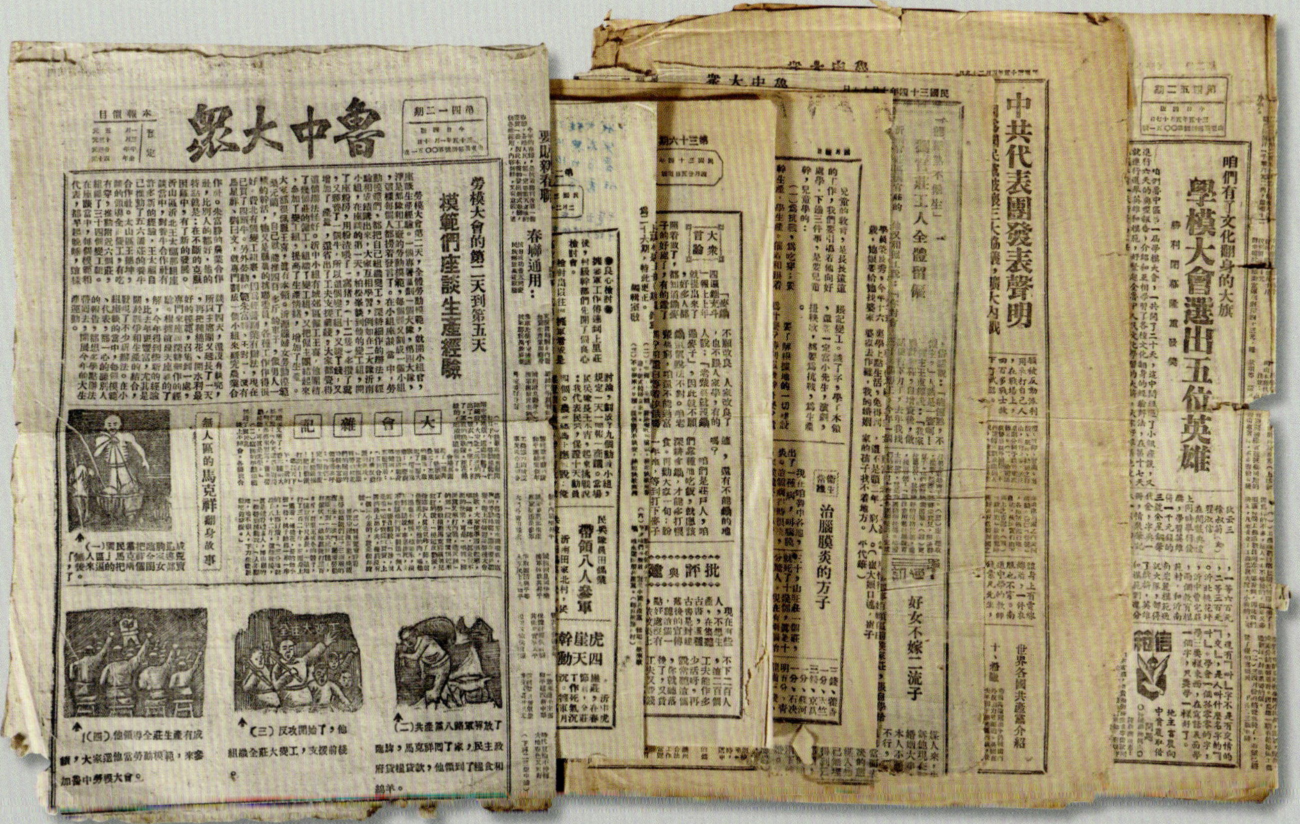
魯中大衆
勞模大會的第二天到第五天
模範們座談生產經驗
中共代表團發表聲明
咱們有了文化翻身的大旗
學模大會選出五位英雄
治腦膜炎的方子
好女不嫁二流子

中共鲁中区党委主办
《鲁中日报》（1944—1945年）

1944—1945年
临沂市博物馆藏

　　《鲁中日报》于1943年在沂南岸堤王山村创刊。1943年春，中共鲁中区党委决定以沂蒙地委机关报《沂蒙导报》为基础，创办区党委机关报《鲁中日报》。《沂蒙导报》于4月停刊，报社工作人员全部到鲁中日报社工作，王中任社长，姜丕之任副社长兼主编。该报铅印、石印并用，每期印五六百份，1945年增至2000份。抗日战争胜利后，鲁中日报社大部分骨干由姜丕之带领赴东北。鲁中区党委决定撤销《鲁中日报》，改办《鲁中大众》，1945年9月，《鲁中日报》停刊。

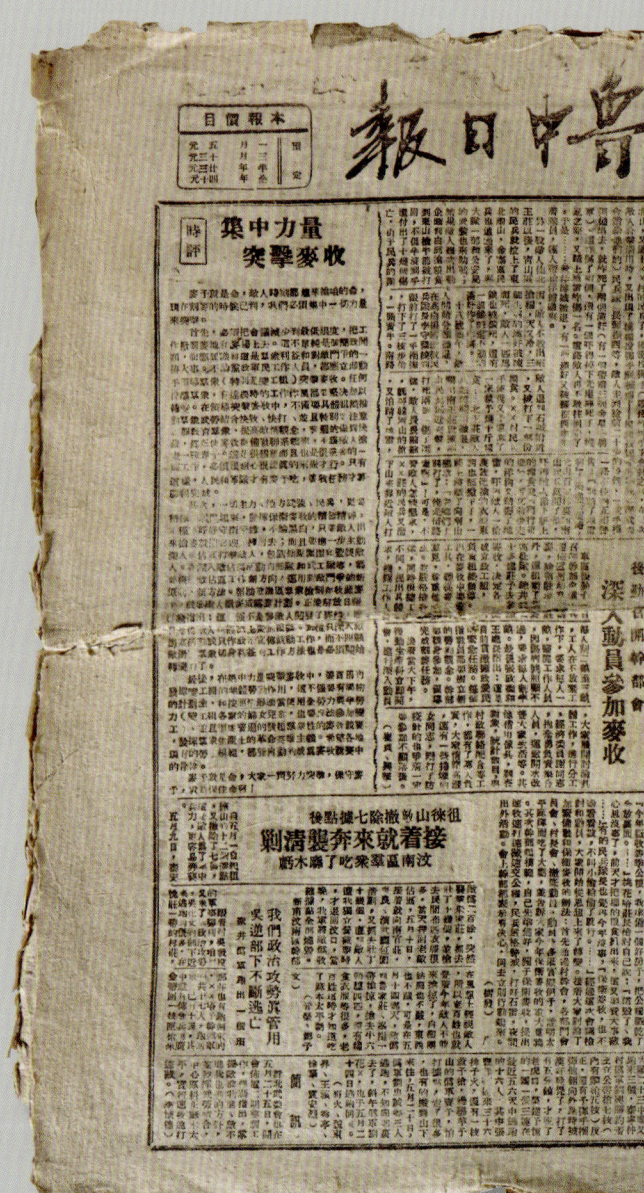

淄川民兵再顯神威

我軍攻克天寶顔家莊

沂陽縣參議會通電全國
擁護中共中央挽救危亡主張

両三年內完全学会経済工作

全體軍民立即動手
開展今年大生產運動

新華社記者評論蔣介石在

門爭惡霸王培增
莒沂邊十七個莊的農會

二團護粮血戰蠶寺莊後

渤海日报社翻印《敌人口中的八路军新四军与中国共产党》

1943年
山东博物馆藏

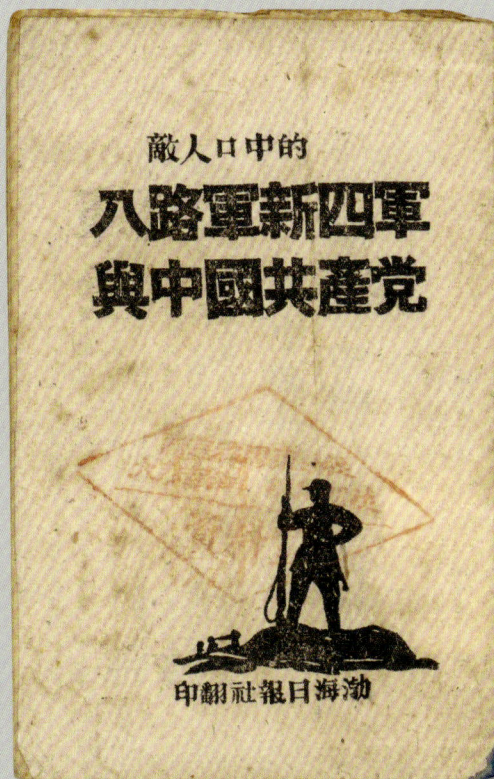

　　1943年渤海日报社翻印《敌人口中的八路军新四军与中国共产党》，记录了敌军的每日新闻报道中关于山东地区三月份双方交战总交战次数和对八路军交战次数、兵力，其中八路军占总交战次数的76%，有力地反击了国民党丑化八路军游而不击的宣传。

　　全面抗战中，山东共产党组织领导广大军民，抓住时机，积极主动地发动了遍布全省的抗日武装起义，并在各地组建抗日武装力量的基础上，在没有八路军主力部队支撑的情况下，建立了统一指挥的八路军山东纵队。八路军第一一五师入鲁后，与山东纵队并肩作战，开创了抗战新局面，发展、巩固了山东抗日根据地，在实施中央"大力巩固华北、发展华中"的战略方针中发挥了重大作用。在抗日战争最艰苦的时期，山东党组织深入发动群众，充分发挥主力军、地方军、民兵三结合武装力量的作用，广泛开展分散性、地方性、群众性游击战，取得了重大胜利。山东抗日根据地牵制消灭了大量敌人，到抗战结束时，山东抗日根据地军民毙、伤、俘日、伪军53万余人。同时，也付出了巨大的民族牺牲，在艰苦卓绝的抗日战争中，党领导的抗日根据地不断发展壮大。

胶东联合社出版《唯物史观》

1941年
烟台市博物馆藏

《唯物史观》，黎平、思奇著，胶东联合社1941年12月出版，全书共八章：第一章《科学历史观的几个基本论点》、第二章《生产力与生产关系》、第三章《阶级》、第四章《国家政权》、第五章《民族与民族斗争》、第六章《家族》、第七章《意识形态》、第八章《几个结论》。

胶东联合社，又名胶东联合出版社，是1938年6月根据中共胶东特委指示，由分散在蓬莱、黄县（今龙口市）、掖县（今莱州市）等抗日根据地的几家出版部门联合而成，社址设在黄县城南古刹莱山院，隶属山东人民抗日救国军第三军政治部，中共胶东区党委派党委宣传部部长林一山兼任第一任社长。从此，胶东联合社就成了中国共产党领导下在山东解放区建立最早、最著名的图书出版机构，行销大量进步书刊。1945年10月胶东新华书店成立后，胶东联合社的出版工作由胶东新华书店接管，胶东联合社同时奉命撤销。

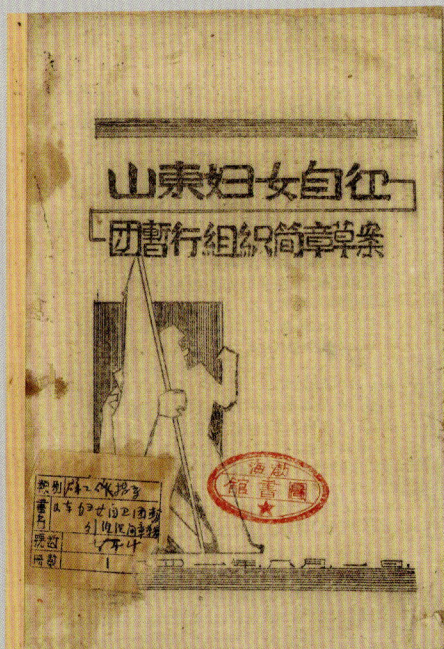

山东省妇联总会印
《山东妇女自卫团暂行组织简章草案》

1941年
山东博物馆藏

山东省妇联总会于1941年8月1日印发。1940年8月6日，山东妇女运动的领导机构——山东省妇女救国联合总会成立。号召全省1900万妇女同胞动员起来，反对妥协、投降、分裂、倒退，坚持敌后游击战争，为创建、巩固山东抗日根据地而斗争。同时，妇救总会还确定了各级妇女组织的统一名称。妇救总会为指导妇女运动，1941年，制定了《山东妇女自卫团暂行组织简章草案》。

该草案表明山东妇女自卫团是妇女不脱离生产之半武装组织，为妇女之坚强骨干。目的在锻炼身体，学习简单之军事常识，发挥妇女之英勇卫国的精神，作为抗日后方勤务工作之有力团体。其主要任务为站岗、放哨、盘查行人、锄奸、送情报、救护伤兵、优待抗属，以保卫家乡、保卫抗日根据地，驱逐日寇，争取最后胜利。同时，对入团资格、入团手续、组织系统、纪律做出了相应规定，

并指出妇女自卫团与军队政府自卫团的关系。指导妇女运动以彻底的民族革命精神，灵活实际简单的军事常识，民主集中的团体活动，健全活跃的革命生活，妇女高尚纯洁的革命精神，了解国际国内政治形势的基本趋向，把握中国抗战的持久性、抗日民族统一战线及坚定抗战最后胜利的信心；了解敌人军事政治阴谋与敌后方特殊环境和巩固建设抗日根据地的任务，妇女解放与民族解放的任务与关系等。

在妇联组织的动员下，获得解放的广大妇女大大提高了参战的热情，积极参加各种抗战工作，如慰劳抗战部队、动员参军、生产支前等，很多妇女把自己的丈夫和儿子送到了部队。部分妇女还开展了锄奸、送情报、侦察消息、破坏敌人交通、优待抗属、封锁消息、瓦解伪军等工作，对坚持抗战作出了重大贡献。

青岛市政府同意成立青岛市教员学生联谊会的信函

1945年
青岛市博物馆藏

　　信函附有信封。作为内批文件，信封标注青岛市教员学生联谊会地址为广西路27号二楼。信内有青岛市社会局文件字样并盖有公章，要求教职员工按照中央法令规定，教员与学生分别组织团体，职教员组织教育会，在校学生组织学生自治会等。

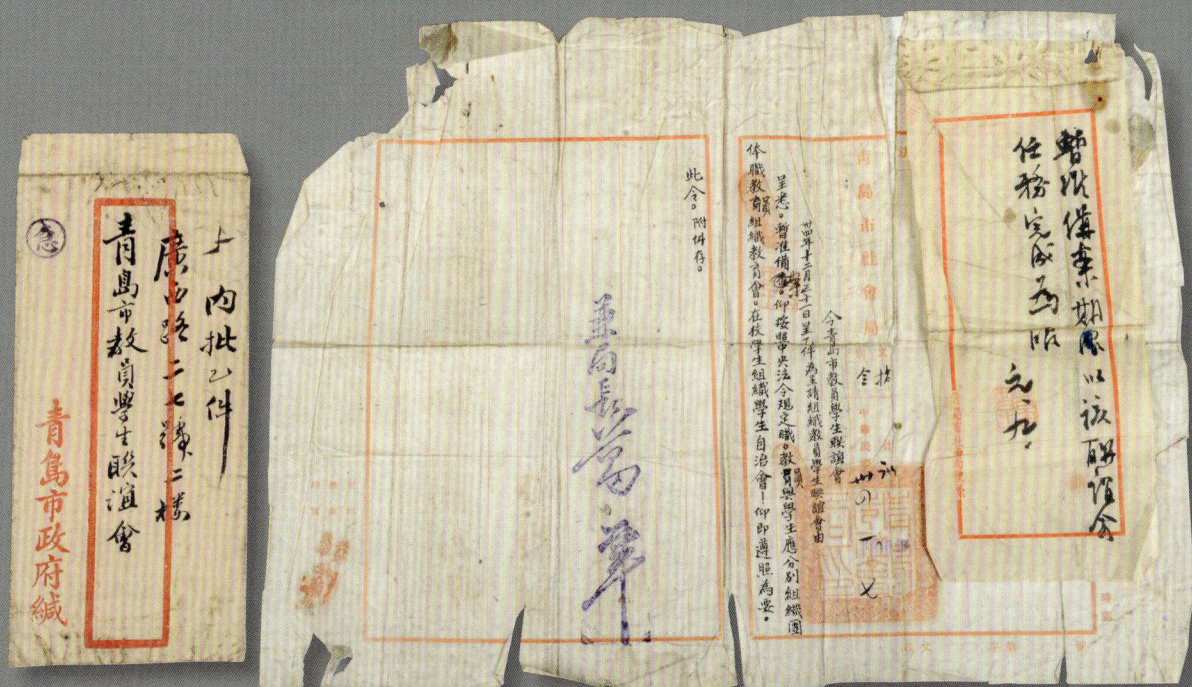

山东省政府颁发的二等功纪念章

抗日战争时期
济南市博物馆藏

　　抗日战争时期，八路军、新四军和各抗日根据地的部队，开展了以战斗、生产和做群众工作为主要内容的评选英雄模范活动和立功运动，涌现出成千上万的英雄模范。为保证立功运动的健康发展，各军区、野战军先后制定了立功条例，规定了评功标准、立功等级和评功、报功、批功、奖励、贺功的步骤以及授予英雄模范称号的办法。立功运动的开展，极大地调动了官兵英勇杀敌的积极性。

冀鲁豫日报通讯联络科编印
《青年记者》（二卷一号）

抗日战争时期
冀鲁豫边区革命纪念馆藏

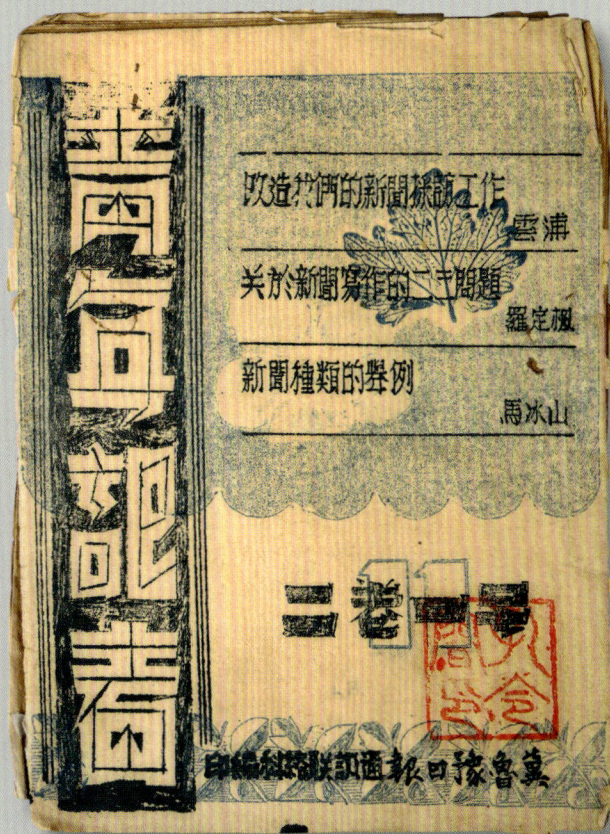

　　冀鲁豫日报通讯联络科编印，二卷一号。本卷主要刊载卷头语、云浦《改造我们的新闻采访工作》、马冰山《新闻种类的举例》、唐蔦《漫谈消息的综合》、桑寄生《谈从全面着眼》、方向明《没有内容的新闻（新闻病院）》等文章，主要是讨论新闻写作的问题。另外卷头语介绍，该报这一时期还揭发敌伪阴谋、反映社会生活、报道群众运动及备战救灾工作。强调今后要加强新闻写作战斗性、指导性和批评性；加强对工作、对社会的调查研究，对政策的掌握；还要充实战斗力，加强对新闻采访和写作的技术研究。今后要更坚强地作战，去迎接明天的胜利。

　　1941 年，冀鲁豫边区进入艰苦时期。在这种形势下，边区党委亟待主办一份大型日报，以加强对抗日军民的宣传和工作指导。同年 8 月 1 日，《冀鲁豫日报》创刊于冀鲁豫地区，作为当时冀鲁豫区党委的机关报。社长陈沂、刘祖春、罗定枫，总编辑罗定枫、巩固、白映秋、王瑞亭、鲁西良。该报由鲁西区党委领导的《鲁西日报》与（老）冀鲁豫区党委所属的《卫河日报》合并创办而成。1949 年 8 月随着冀鲁豫边区的撤销而停刊，并入平原日报社。《冀鲁豫日报》为日刊或 3 日刊，多为 4 开 2 版，双面印刷，少数为 8 版，单面印刷。

　　《冀鲁豫日报》作为中共冀鲁豫区党委的喉舌，作为革命根据地广大人民的代言者，以群众喜闻乐见的形式，积极宣传马列主义、毛泽东思想和党的路线、方针、政策，报道国内外反法西斯战争的进展情况、冀鲁豫边区各项工作的成就和经验，以及英雄模范人物的光辉事迹，极大地鼓舞了冀鲁豫边区军民保家卫国、英勇杀敌的信心和斗志，积累了在革命时期办报的宝贵经验。

八路军冀鲁豫军区部队开展大练兵

冀鲁豫区党委机关报
《冀鲁豫日报》（1948年3月16日）

抗日战争时期
东阿县文物事业发展中心藏

头版刊登有《朱学范刘宁一代表中国劳协建议世职联盟采取行动制止马歇尔魏德迈援蒋》《朱学范在伦敦时发表讨蒋宣言》《华莱士副总统候选人泰勒斥蒋匪是暴君》《陕甘宁举行扩大联席会总结与规划政府的工作 杨明轩先生被推任边府副主席》《东北蒋匪军惨败影响下蒋区经济风暴已延续一月余 上海物价涨得叫人头脑发昏》等重要文章。

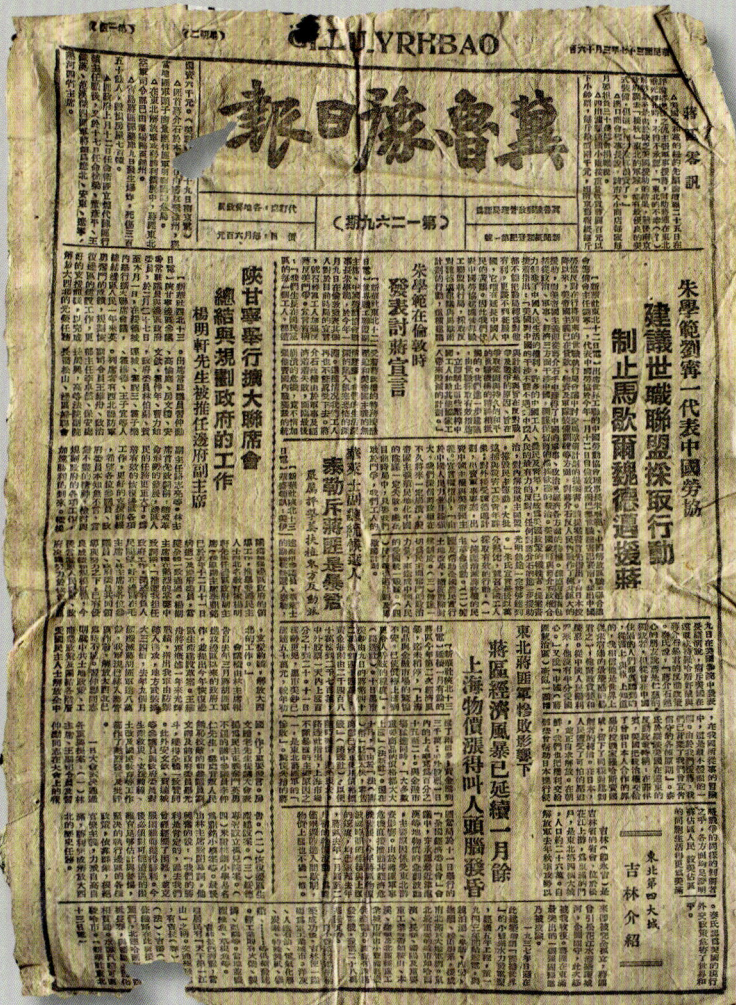

冀鲁豫区党委机关报
《冀鲁豫日报》（1945年11月21日）

1945年
菏泽市博物馆藏

头版刊登有《国民党再次背弃〈双十协定〉片面宣布国大召开日期》《民主建国军隆重举行建军大会 太行各界二万余人前往祝贺 高总司令领导全军宣誓就职》《民主同盟各领袖发表言论 抨击美军登陆华北》《在美海军掩护下国民党军登陆青岛》等文章。

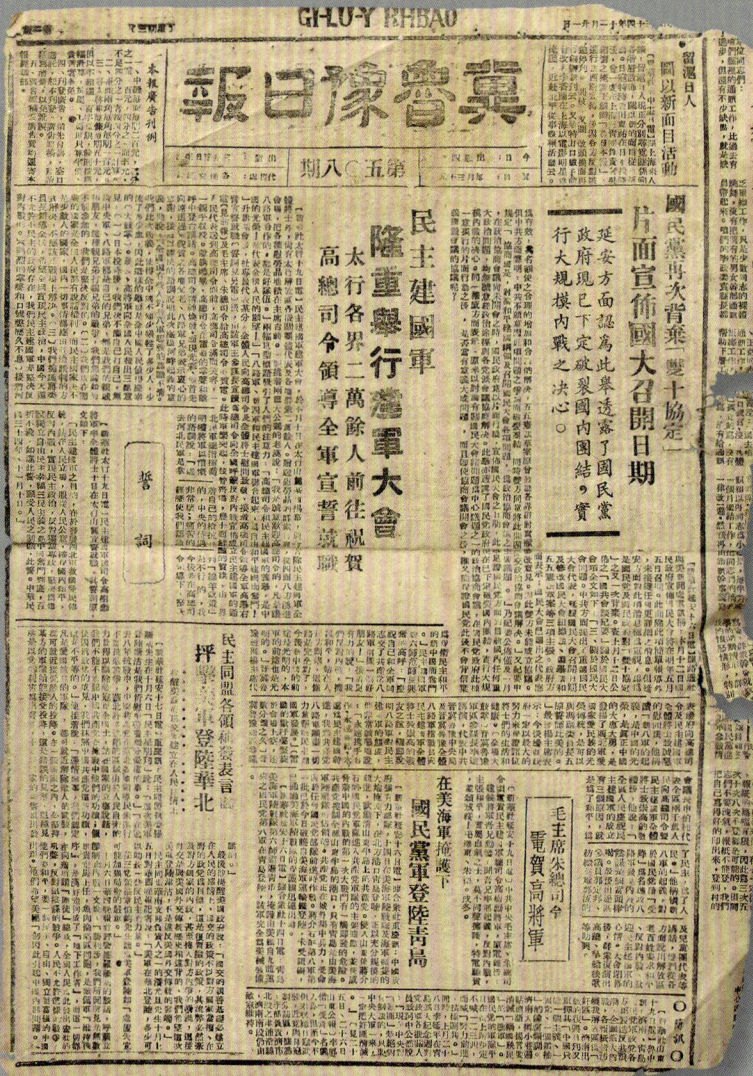

冀鲁豫区党委机关报
《冀鲁豫日报》（1945年8月29日）

1945年
冀鲁豫边区革命纪念馆藏

1945年8月29日《冀鲁豫日报》原稿。头版刊有《中国共产党中央委员会对于目前时局的宣言》《我攻占察哈尔省会张家口　华南华中解放宝安五河兵临镇江城下》《赫尔利携张治中乘专机飞抵延安》等重要文章。

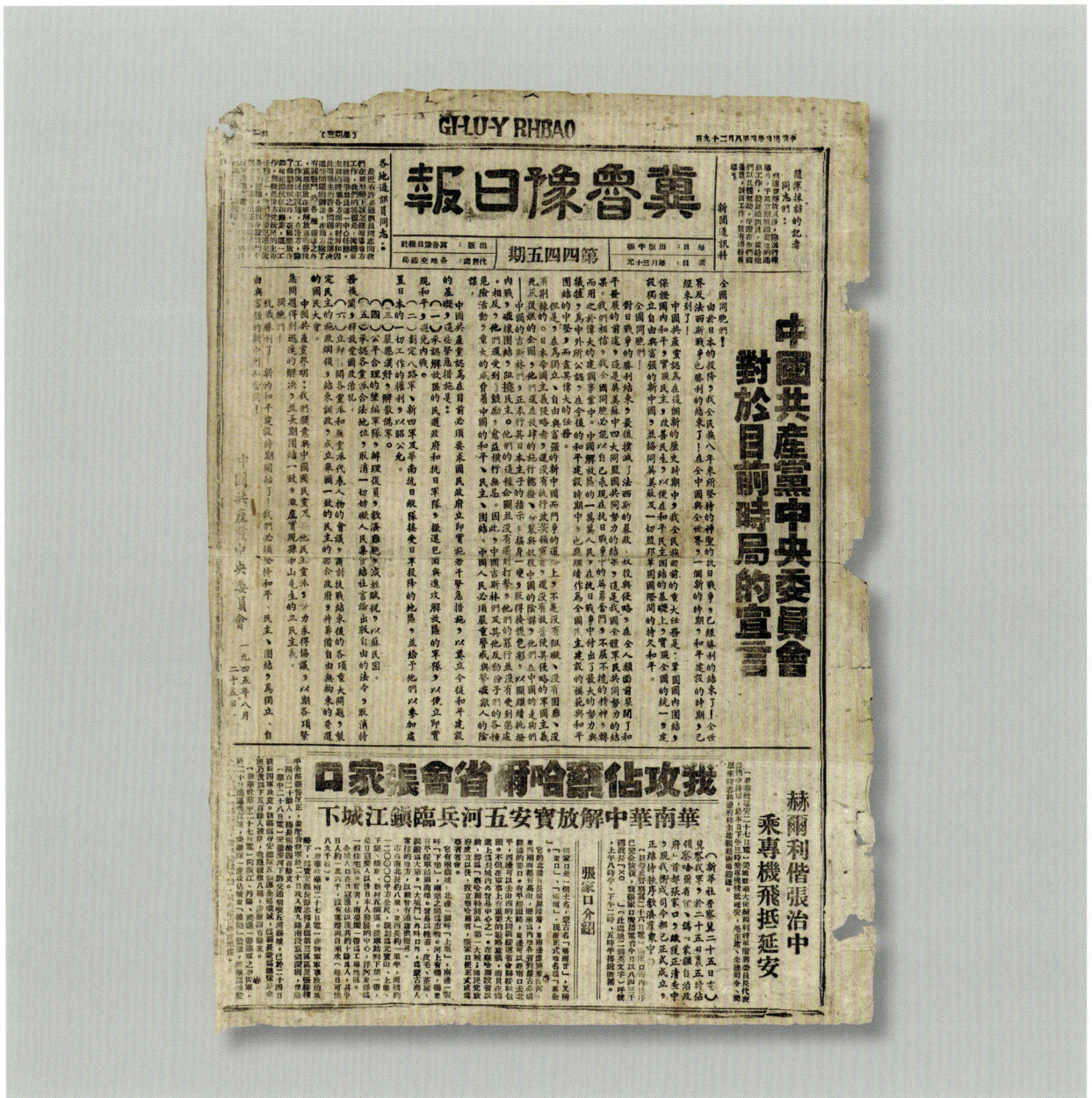

钟效培

1914—1942

江西兴国人。1929 年参加革命。1930 年春加入中国共产主义青年团，曾任龙沙、杰村、均村共青团区委书记。1931 年 5 月加入中国共产党，在中央苏区曾任中共均村区委书记，兴国县委常委、团县委书记、组织部部长，1932 年 10 月，任共青团江西省委宣传部部长、组织部部长。1934 年任江西省委常委、团省委书记。中央红军北上抗日，钟效培留在中央苏区坚持游击战争。1938 年 5 月，在南昌中共中央东南分局工作。后任中共赣西南特委常务委员、青年部部长，中共江西省委常委兼青年部部长、社会部部长。曾在延安入中央党校学习。1939 年春，在中央青委（青联办事处）工作。1940 年秋，任中共中央青年运动委员会组织部副部长。1941 年 2 月到达山东，任中共中央山东分局青年运动委员会书记、青联主任、毛泽东青年干部学校山东分校副校长、山东省青年抗日救国联合会主席。1942 年 9 月，在日、伪军"大扫荡"中赴泰山区指导工作。途经莱芜榆林前村遭日、伪军伏击，身负重伤，11 月 12 日在崖下村牺牲。

中国青年社山东分社编《中国青年（山东版）》（创刊特大号）

1941年11月7日
山东博物馆藏

中国青年社山东分社编《中国青年（山东版）》（创刊特大号），1941年11月7日出版发行。1941年11月7日发行的创刊特大号刊登有肖康著《青年要学习鲁迅》。

1941年初，中央青委决定派钟效培带领一支青年工作队到山东，以加强山东抗日根据地青年工作，钟效培等人来山东后，立即组成了新的中共山东省青委，由钟效培任书记。随后，新的中共山东省青委在中共中央山东分局的领导下，积极开展抗战青年工作。1941年10月，在钟效培的主持下，中共中央山东分局作出关于扩大与加强分局青委，成立中国青年社山东分社，出版《中国青年（山东版）》的决定，由山东青联主任钟效培负责。该刊物主要刊登工作、学习、生活、建设、文艺、批判的综合性文章，主要报道国际国内青年生活、青运动态、工作问题、社会政治经济情况、科学与战争常识、文艺创作等，经常性刊载指导青年工作的论文和有关青年思想修养的文章，也刊登小说、歌曲、革命英雄事迹、科学知识等，有利指导了各地的青年工作，健全了青联会组织，发展了青年抗日先锋队和其他青年武装，在对日斗争中起到了很大作用。

《中国青年（山东版）》在1942年12月出至第九期后，因日、伪军"扫荡"而停刊。1943年3月改为《大众日报》副刊。8月出至第十期停刊。

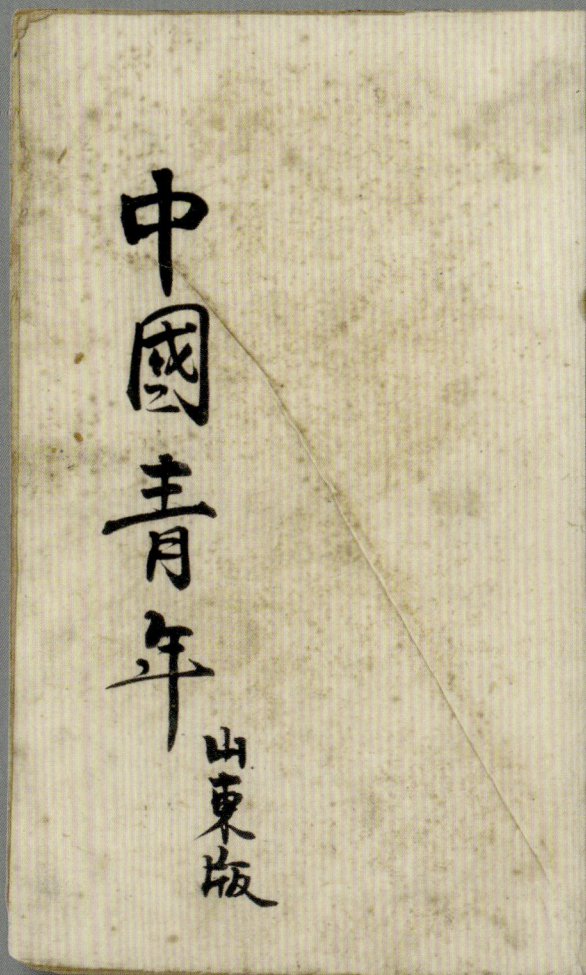

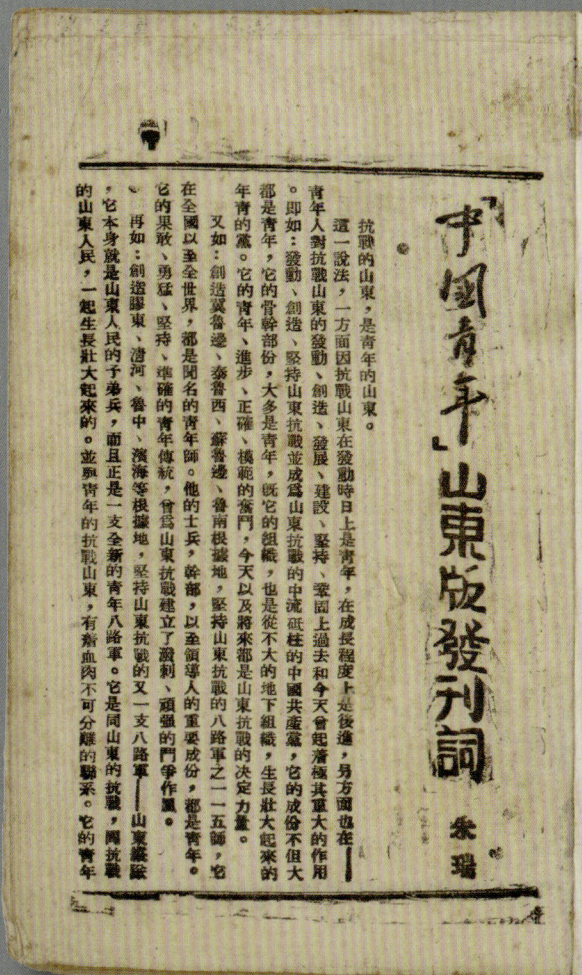

群众出版社印《群众报汇刊》
（第十三期）

1941年10月15日
山东博物馆藏

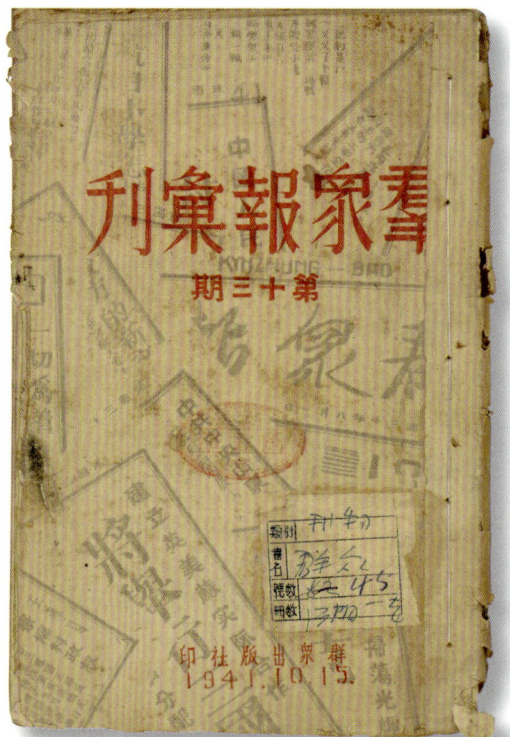

　　该期《群众报汇刊》刊载国际形势论文8篇、国内形势论文1篇、重要论著1篇、通电1篇、消息汇报1篇、世界大事日表1篇等重要文章。

　　1927年，第一次国共合作失败后，中共党报党刊被迫转入地下。卢沟桥事变爆发后，国共双方经过协商后，1937年12月11日政论性杂志即《群众报汇刊》在汉口创刊。《群众报汇刊》一方面立足现实，积极刊载与现实直接相关的政治、经济、文化、军事等内容，另一方面侧重学术研究，尤其是与现实问题相关的历史研究，为大后方的文化群体提供发表的平台，做到以史为鉴。《群众报汇刊》所刊载的文章涉及范围广泛，内容丰富，既关怀现实又兼顾历史，既着眼中国又放眼世界。在全面抗战和解放战争的12年中，《群众报汇刊》批判了法西斯主义国家尤其是日本帝国主义的罪恶，抨击了以汪精卫为代表的汉奸投敌叛国的丑恶嘴脸，揭露了国民党破坏团结抗战、独裁专制、腐败无能的本来面目，宣传了中国共产党的路线、方针、政策和在陕甘宁边区取得的一系列成就。1938年10月因日军进犯武汉，被迫停刊。同年12月在重庆复刊。1947年1月，曾创办香港版，开展对海外的宣传工作，并以伪装封面在国民党统治区发行。1949年10月20日出至第143期停刊。从1937年至1949年，《群众报汇刊》存续了12年，是民主革命时期中国共产党存续时间最长的中央机关刊物。

群眾報彙刊

國際形勢論文

為反法西斯的國際統一战綫而鬥爭

一九四一年世界大事日表

攻克長山縣城

正誤表

山东省战时工作推行委员会教育处主管、教师之友社编《教师之友》（创刊号）

1941年11月1日
山东博物馆藏

　　月刊，山东省战时工作推行委员会教育处主管，教师之友社编，主要撰稿人有陶林、林涛、萧敏等，大众印书馆印制。《教师之友》（创刊号）于1941年11月1日出版。该期载有《小学教员在抗战中之地位与任务》《小学正规化之几个最低要求》《反对不正确的教育观和教师观》《怎样研究和创造新教学法》《抗小怎样参加冬学运动》《我们怎样实行了武装保卫学习》等文章。

　　《教师之友》的读者对象主要为小学教员，县以下教育行政干部。刊物主要以帮助小学教师的学习与修养，研究小学的各种实际问题，互相交换教学经验为目的。内容分为七部分，分别刊登时事述评、论著、实际问题研究、工作指导、教师参考资料、教师园地、新文字专页，文章多为教育意义的通讯、散文、诗歌、戏剧、木刻等，文字求实具体、通俗明了。

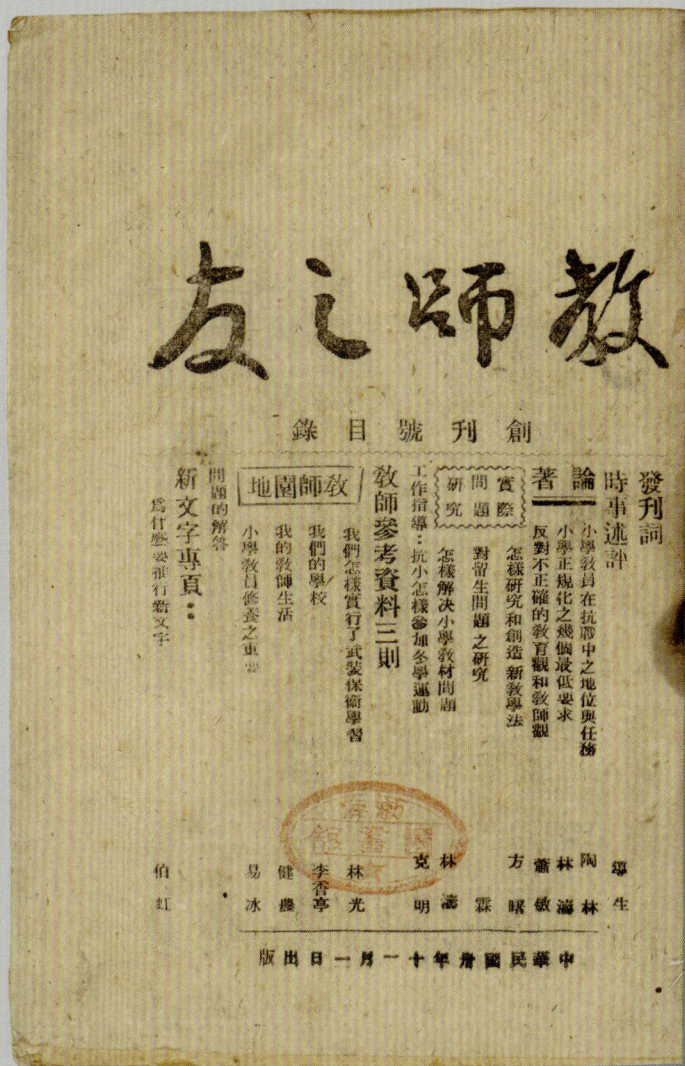

專載

山東省戰工會　關於發刊「教師之友」的決定

一：本會爲農教育發刊「教師之友」一月刊，是爲了加強小學教育，幫助小學教員在戰鬥的工作中提高其實際社會活動的能力，解除小學教員工作中的困難，指導小學教員的學習，所以爲每一個小學，一個小學的教師之友，每一當一個幹部……

二：「教師之友」的目的與任務，就是提高小學教員的質量，推……

三：「教師之友」的基本內容是小學教育行政，教育學理論，教材與教法，小學教員的學習，時事政治等等，由魯東各縣分區供稿，每縣最少一份……

四：各教育行政機關，關於小學教員的教育，要以「教師之友」爲課本……

五：以每身教爲文稿發閱一把每縣每月行……

發刊詞

「需要出版一個專門供小學教員讀的刊物」，這不僅是「外人」的感覺，而且是每小學教員仁一致的呼聲。本刊——「教師之友」，就是在這個要求之下，爲了滿足這個需要而發刊的。

爲什麼呢？一般小學教員的實量太差，多半都不能稱職。

小學教員是農村抗戰的政治宣傳員，是農民生活的指導者，是培養新後代國牆中的園丁，他們的地位與作用是如何的重要啊！然而大部份的小學教員確是文化理論水平太低，政治覺悟程度很差，欠乏教學經驗，個人的修養和思想意識的鍛鍊也非常不夠，那麼，這怎樣能夠擔負起這個重大的任務來呢？

小學教員是開展農村文化運動的基本幹部，要提高這些基本幹——

小學教員的質量，怎麼辦呢？只有加強他們的教育，幫助他們的學習，指導他們的工作，解決他們工作中的困難，交換他們的工作經驗，鍛鍊他們的思想意識。本刊就是爲了這個目的，達到這個目的而發刊的。

所以本刊的內容，就有以下的幾方面：

第一，有時事述評，幫助小學教員了解時事政治問題，培養小學教員分析時事政治的能力。

第二，教育論著。比較有系統的供給小學教員關于各種教育上的理論與實際問題的常識。

🚩

南海导报社出刊《南海导报》（第1—8号）

1941年
山东博物馆藏

　　南海导报社1941年8月3日出刊，油印。本期刊载的社论《日寇新扫荡与我之反扫荡》，记录了在保卫抗日根据地，粉碎日、伪军"扫荡"中，八路军在水磨涧歼敌60余人的事迹。副刊中记录了莱阳人民在投降派赵保原统治下的悲惨境地。

　　国民党山东省第十三行政区专员、鲁东军区司令兼暂编第十二师师长赵保原，原系伪军，1938年11月反正。赵保原假"抗日"之名，招兵买马，抢占地盘，勾结日、伪军，破坏抗战。1944年八九月间，赵保原派代表分赴青岛、莱阳与日军谈判，接受日方提出的条件，将所部秘密编为"剿共第七路军"，并指使其部分部队公开挂出伪军的牌子。此后，赵保原即主动配合日、伪军，多次向八路军进攻，抢占、骚扰抗日根据地，在其统治区实行特务统治，强制推行保甲制度，横征暴敛，人民处在水深火热之中。1945年2月，胶东临时参议会发布《告胶东同胞书》，号召全体军民团结起来，惩罚投敌叛国、破坏抗战、反共反人民的罪魁赵保原。胶东军区司令部、政治部也联合发出布告和《告莱阳同胞书》，申明八路军为了抗战利益和解放莱阳80万同胞，决心讨伐赵逆，为团结抗日、准备反攻扫清道路。2月11日，胶东军区集中5个团另5个营（其中1个炮兵营），在地方武装和民兵配合下，兴师伐赵。

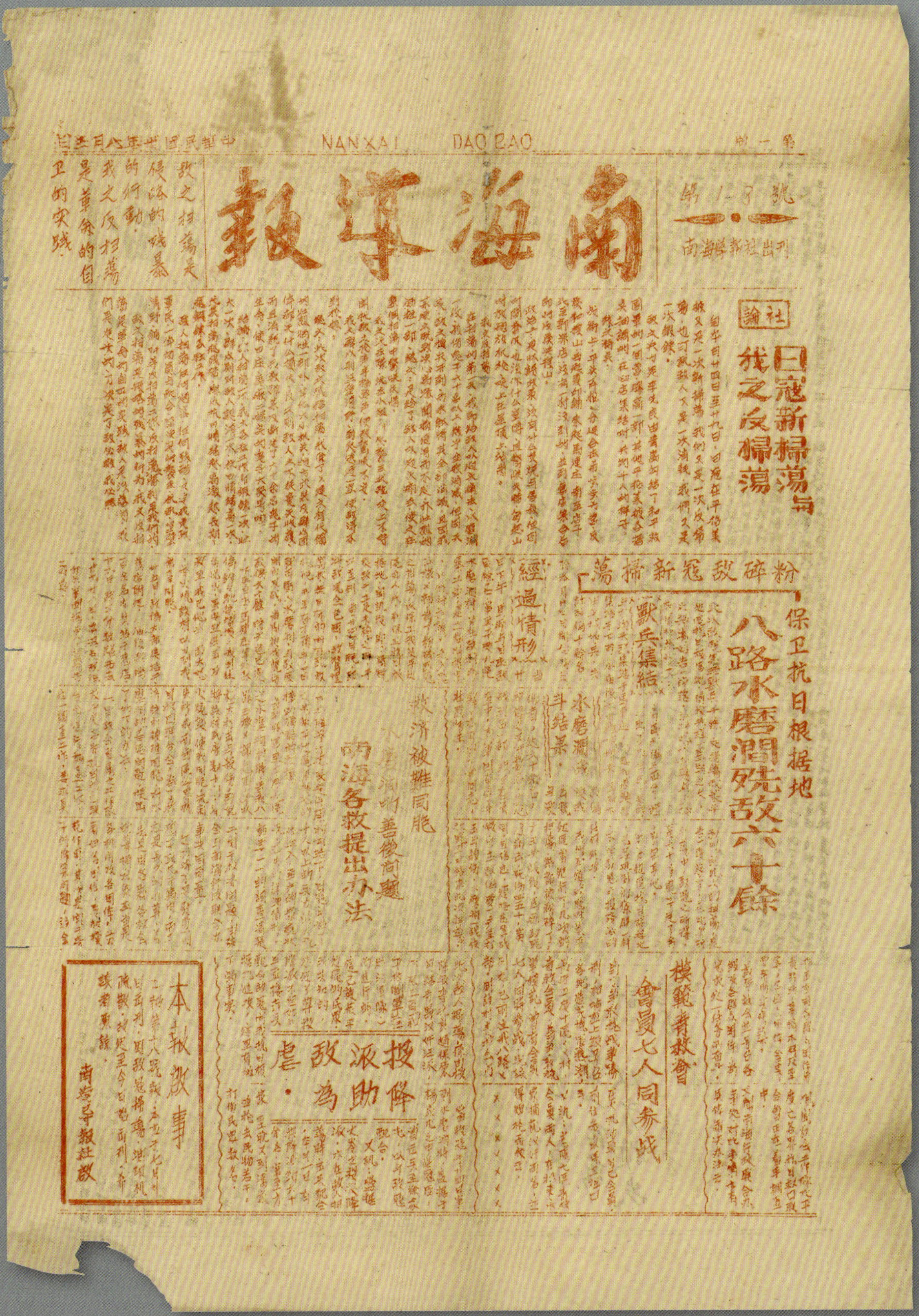

NANHAI DAO BAO

南海平报

第二期

社论

日寇新扫荡与我之反扫荡

粉碎敌寇新扫荡，保卫抗日根据地

八路水磨涧歼敌六十余

敌兵集结

水磨涧夺战经过情形

救济被难同胞

明海各救提出办法

模范青救会

会员七人同参战

投降派助敌为虐

本报启事

南岳平报社启

胶东武委会编
《民兵大整训军事课本》

1944年12月
烟台市博物馆藏

　　教材由胶东武委会统一编制。封底盖有"山东省立胶东公学分校图书馆"红色印章。

　　课本内页说明第一条"此课本作为全体民兵教材之用并供区干部作业务学习材料"。第六条"此课本的形式是第一次采取，望大家多提宝贵意见以……"课本共分三个部分七课，注重采用"讨论研究题为主"的形式，讲述总结反"扫荡"时的经验教训，以及如何对付来犯敌人。

艾崮山区民兵大整训远征大泽山
出发前合影照片

1945年
栖霞市牟氏庄园管理服务中心藏

艾崮山区民兵大整训远征大泽山出发前合影。

　　艾崮山区民兵大整训远征大泽山出发前留影，拍摄于1945年12月15日。大泽山是胶东军区重要的根据地。抗日战争时期，胶东军区西海军分区、南海军分区、胶东区党委及抗大支校都设在大泽山区。八路军山东纵队第五旅也诞生在大泽山区，许世友、林浩、聂凤智、迟浩田等数十位高级将领都在这里战斗过。抗战中，数万平度人民支援奔赴战场，展开游击战、地雷战、麻雀战。大泽山地雷战成为胶东各地民兵学习的对象。

新华日报华北分馆出版
《马克思主义与民族问题》

1940年
山东博物馆藏

　　《马克思主义与民族问题》是斯大林于1912年底至1913年初在维也纳写的，第一次发表在1913年《教育杂志》第3—5期上，署名科·斯大林，题为《民族问题和社会民主党》。这篇论文于1914年由碎岸潮书局（彼得堡）出版了单行本，书名为《马克思主义与民族问题》。1940年新华日报华北分馆翻印出版。

　　该著作主要论述民族、民族运动、民族提法、民族文化自治和俄国境内民族问题等。1912年，俄国革命运动开始出现新的高潮。在这一背景下，把各民族的工人斗争汇合起来，成为无产阶级政党的一个迫切任务。斯大林两次会晤列宁，在充分了解列宁观点的基础上写下了《民族问题和社会民主党》（后改名为《马克思主义与民族问题》）一文。斯大林第一次从历史唯物主义和辩证唯物主义的角度，为"民族"下了一个科学的定义，进而阐述了马克思主义关于民族运动和民族问题的基本观点，阐述了马克思主义关于民族、民族国家和多民族国家的起源和实质、关于民族压迫和民族解放斗争的根源和性质的理论，论述了无产阶级及其政党在解决民族问题上的纲领、政策和基本原则，坚持和发展了马克思恩格斯的民族理论。

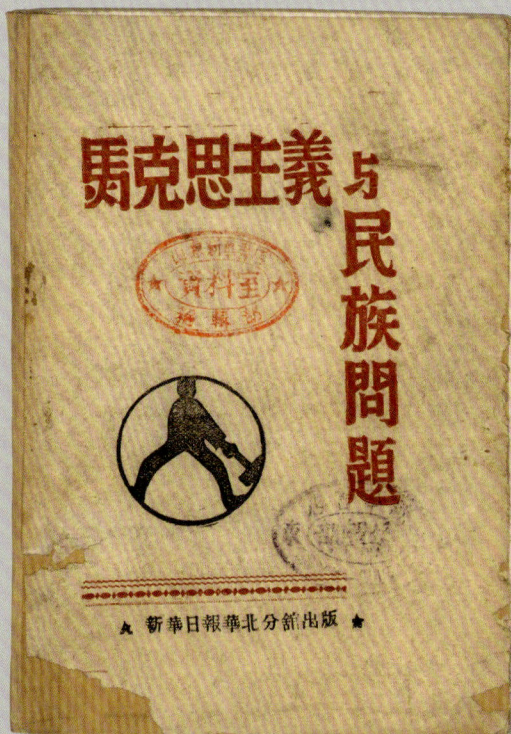

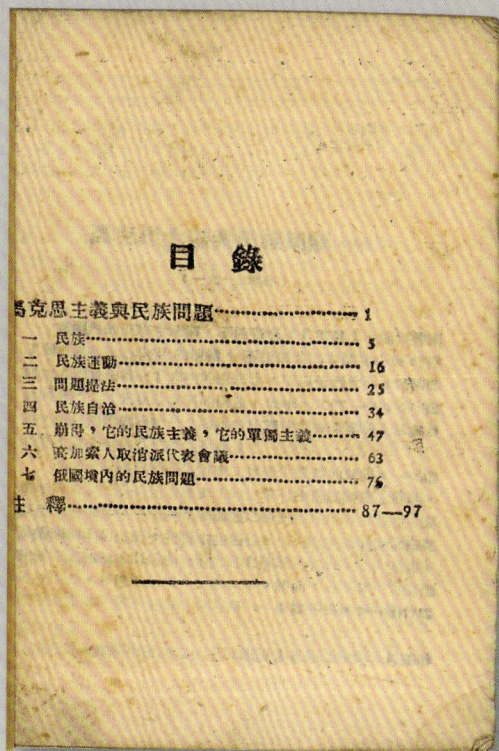

鲁中军区政治部出版
《大后方生活相》

1945年
山东博物馆藏

　　原文刊登于1943年7月13日《解放日报》，是这一时期反映国民党统治下人民生活的报刊材料汇编。内容包括《知识分子饥病交迫，教授家中不能举炊》《职员们失业途穷，幼子无代价奉送》《强制劳动下的工人苦力们，工资被克扣，吃饭打折扣》《农民缺粮颗粒无存，女儿出卖每斤十元》《兵饷太少》《归侨流浪亟待救济，中等人家只能吃粥》《妇婴待救，儿童普遍失学，陪都街头遗尸每日十数具》《穿：一粒钻石二三十万元》《吃：宁波咸鱼每两三十元》《住：一座房屋费五千万元》《享受：洗澡一次费八百元，死人棺木值百万元》《苦闷、消沉与不安》。该书反映了人民生活的苦难，批判国民党统治的黑暗。

鲁中军区政治部出版
《国民党统治区的灾荒和苛捐杂税》

1945年
山东博物馆藏

《国民党统治区的灾荒和苛捐杂税》，1945年鲁中军区政治部出版。抗日战争时期，蒋介石为首的国民党统治集团继续利用特权控制国家的主要经济命脉，大发"国难财"。国民党当局从1941年开始实行田赋征实，规定正附税额每元折征稻谷两斗。国民党政府官吏乘机大肆贪污、勒索，使正附税额折征稻谷猛增。1942年每元折征稻谷增为四斗，加上地主把原来的货币地租也改为实物地租，造成农民的沉重负担。国民党政府依靠对国内外贸易的垄断特权，强行贱买贵卖，收购价格往往低于成本。农民因出售农副产品所得不够成本，直接影响了再生产，致使某些农副产品产量锐减，农业经济萎缩。国民党的反动政策和官僚资本的巧取豪夺，使工人、农民、城市小资产阶级受到残酷的压迫和剥削。

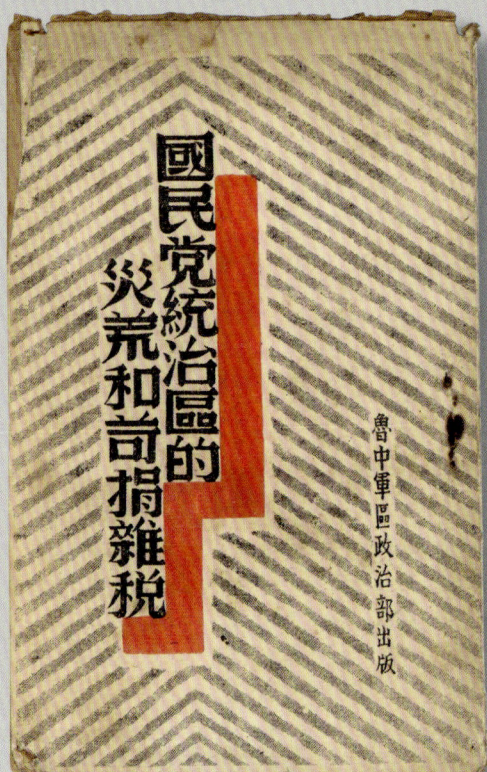

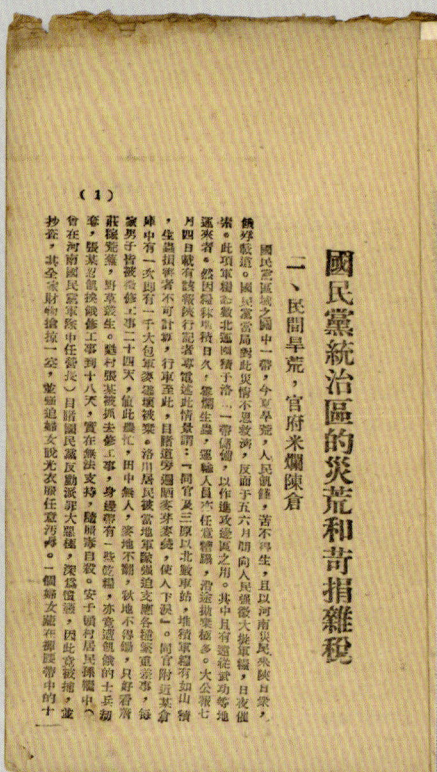

胶东画报社编印《胶东画报》
（创刊号）

1944年
烟台市牟平区博物馆藏

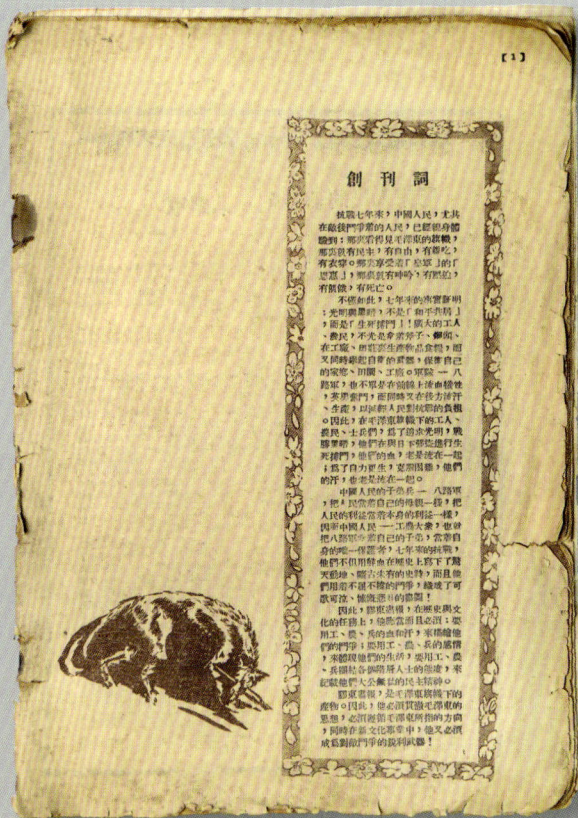

　　《胶东画报》（创刊号）于1944年6月20日出版，共32页，主要内容有创刊词、胶东军区特等劳动模范画像及模范事迹、当时的生活场景绘画、革命歌曲等，形式主要为文字报道与图画、木刻相结合。

　　1944年4月，根据胶东区党委的决定，中共胶东区党委宣传部和胶东军区宣传部抽调胶东军区宣传队（也称国际剧团）美术组人员成立胶东画报社，出版双月刊《胶东画报》。《胶东画报》共出版两种，一种为16开本双月刊，另一种为1945年8月15日创刊的32开本半月刊，这两种画报版面形式

有新闻照片、图画、木刻和文字报道（包括战斗故事、诗歌、歌曲和战场形势地图等），反映胶东抗战、大生产等运动，内容包括英雄模范、战斗故事、重大事件和人物专题等。《胶东画报》创刊初期，由大众报社印刷厂负责印刷、发行。增加照片后，改由北海银行印刷厂担任制版任务，由于胶东画报社临近青岛、烟台，采购印刷物资比较方便，因此在山东解放区，它的制版印刷条件较好，出版质量较高。报社除出版《胶东画报》外，还编印出版了《山东画报分版》《胶东画报（部队版）》及《战士朋友》等刊物。1949年10月停办。

胶东画报社编印《胶东画报》
（第3期、第4期、第7期）

1944—1945年
山东博物馆藏

《胶东画报》于1944年6月20日创刊，16开本，主要为文字报道与图画、木刻，反映胶东大生产运动。

第3期1944年10月20日出版，刊登照片10幅，报道攻克文登城、部队入城、伪军反正等内容，并刊登许世友《庆祝我军战役攻势大捷》。封面是水

道战斗中两位战斗模范的照片，套色印刷。

第4期刊登照片10幅，反映威海刘公岛伪海军反正参加八路军、重克栖霞城和军民同乐等内容。

第7期为1945年4月出版，封面刊登一幅劳动模范张富贵受奖大黄牛的照片，为画报特约记者孔东平所摄。

1949年10月初，胶东画报社的成员因工作调动各奔东西，《胶东画报》停刊。《胶东画报》为介绍胶东解放区抗战成绩、宣传党的城市政策起到了重要作用。

戰地照片

錄目期三第叢叢東膠

痛悼死難軍民
誓爲烈士復仇

（二）瞻仰烈士遺像之一角

（三）瞻仰烈士遺像之又一角

（一）

（四）追悼大會場之一角

【4】

從反「掃蕩」的勝利中
使群衆更清楚的認識了共產黨與國民黨

—— 鄒右銘 ——

英雄們喜歡唱的歌

——編者

勞動的人們最光彩
·雲屏詞曲·

目錄

文字

圖畫

【1】

堅決跟着共產黨走的張福貴

· 葆亭 ·

（一）

（二）

中共胶东区党委宣传部编印
《胶东大众》（创刊号）

1941年
山东省图书馆藏

　　《胶东大众》创刊于1941年1月15日，是由中共胶东区党委宣传部主办，在胶东抗日根据地普遍发行的一份刊物。刊物努力践行发刊词中"胶东大众自己的喉舌""发出胶东大众的吼声"的宗旨，对胶东人民抗战起到了很好的鼓舞和指导作用。

　　《胶东大众》刊物设计、印刷精致，采用右翻页型装订，用当时珍贵的毛边纸印刷。第1期至第26期为32开本，第27期至第46期为16开本，第47期至第63期为32开本。《胶东大众》创刊时时值抗日战争全面爆发，抗战形势严峻。作为胶东抗日根据地普遍发行的刊物，肩负了为胶东根据地人民呐喊，争取反抗日本侵略，联合各界争取抗战胜利的任务。《胶东大众》一大特色是适时刊发特辑栏目，如重大事件发生后对重要人物的特别报道、重要事件的纪念日或周年记等，都刊发特辑进行专门报道。第12期刊发《追悼马石山惨案特辑》，第5期刊发《军事特辑》，第31期刊发《三八特辑》，第15期和第17期分别刊发"纪念鲁迅先生专栏"和"七七事变周年专栏"。

　　《胶东大众》是胶东地区出版发行的刊物中创办较早、刊期最长、影响力最大的刊物。刊物每一期都紧密围绕党的中心工作，详细报道抗战进程、时局发展，对党中央的政策进行宣传发动，报道减租减息、整风运动、支前拥军、新文字运动等，尽可能多地让人民群众了解根据地的大小事。

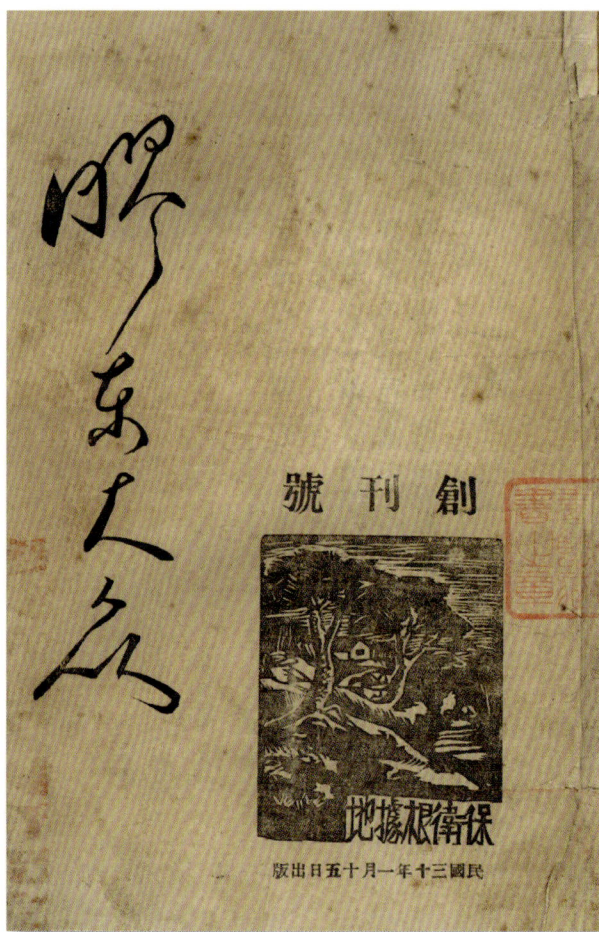

胶东文协主编、胶东联合社出版
《胶东大众》（第20期、21期、
24期、26期新年号）

1944、1945年
山东博物馆藏

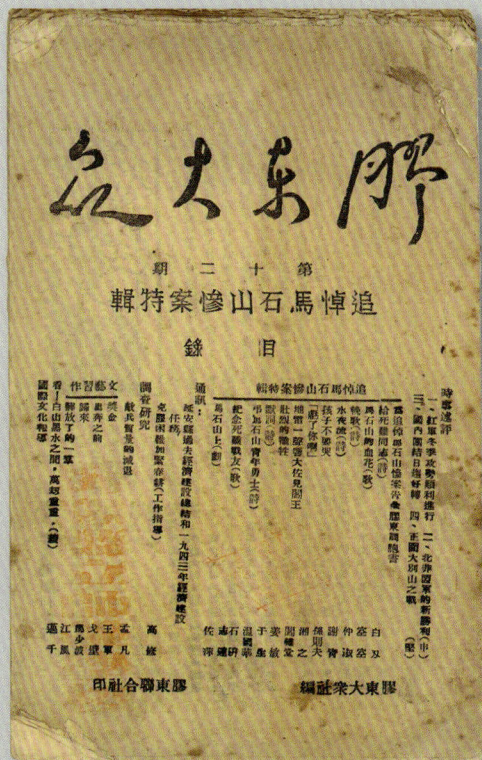

全面抗战时期，山东抗日根据地的文艺工作取得较大发展。1941年1月15日，综合性月刊《胶东大众》创刊，由胶东大众社编，胶东联合社出版。最初的期刊为联合社和昆嵛社出版，1947年9月15日终刊，总共出版63期。

《胶东大众》创刊时主要发表政治、经济、军事论文等，也发表少量战地通讯、速写等。第3期之后，增设文艺专栏，发表散文、报告文学、戏剧、小说、诗歌、曲艺等。第15期（1943年3月）开始，编辑改为胶东文协，主编马少波，内容也有所变动，主要发表时事述评、论文、工作经验、通

讯报道、科学技术介绍、文艺作品、美术作品等。

《胶东大众》立足于山东解放区，在抗日战争时期鼓舞人民抗击日本侵略，在解放战争时期号召人民与国民党反动势力奋战到底，反映了胶东地区从抗日战争到中华人民共和国成立前的历史风貌。1945年1月出第26期后，因编辑人员分散下乡参加实际工作而停刊，1946年1月复刊（总第27期）改为半月刊，仍由胶东文化协会编辑，江风、马少波先后担任主编，出版发行方改为胶东新华书店。1947年9月15日，为适应时局和读者要求，改版为《胶东文艺》。

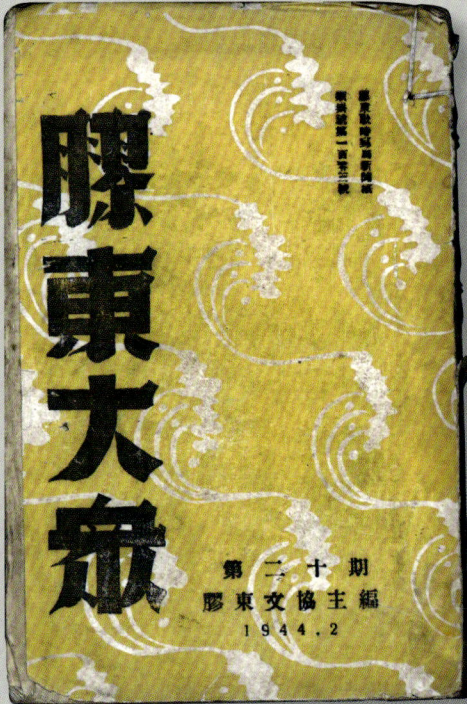

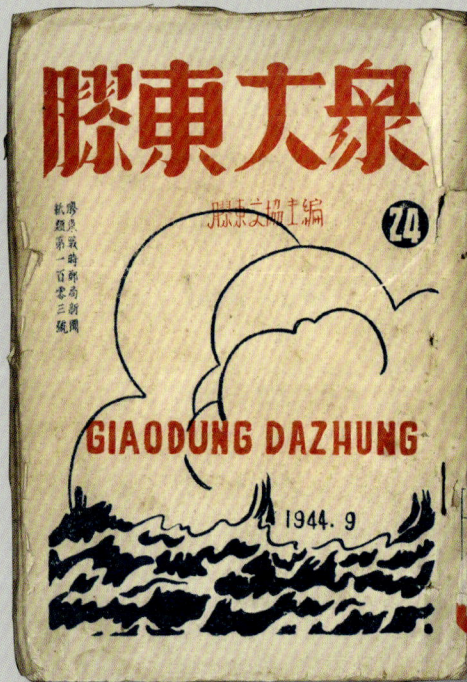

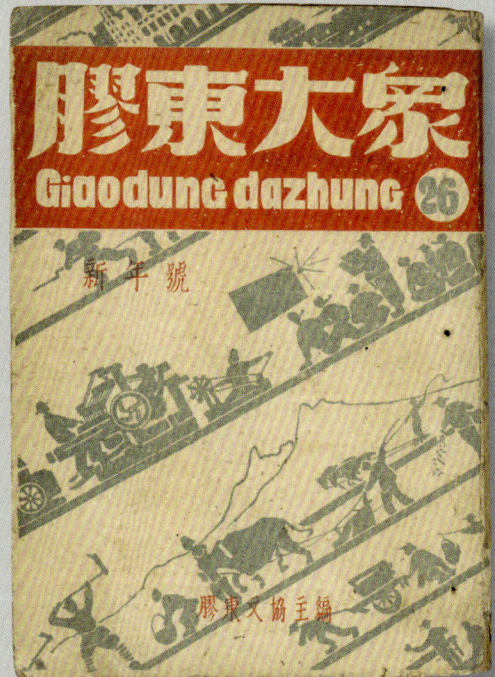

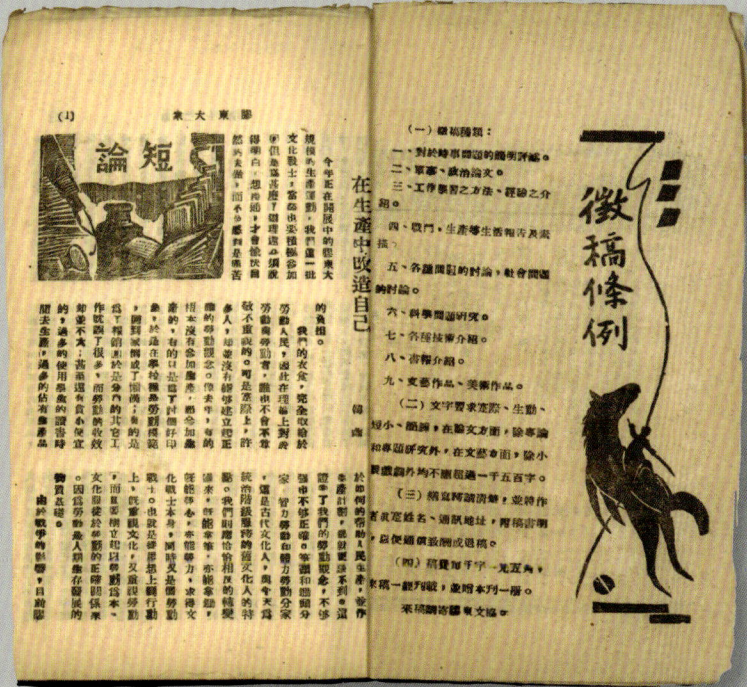

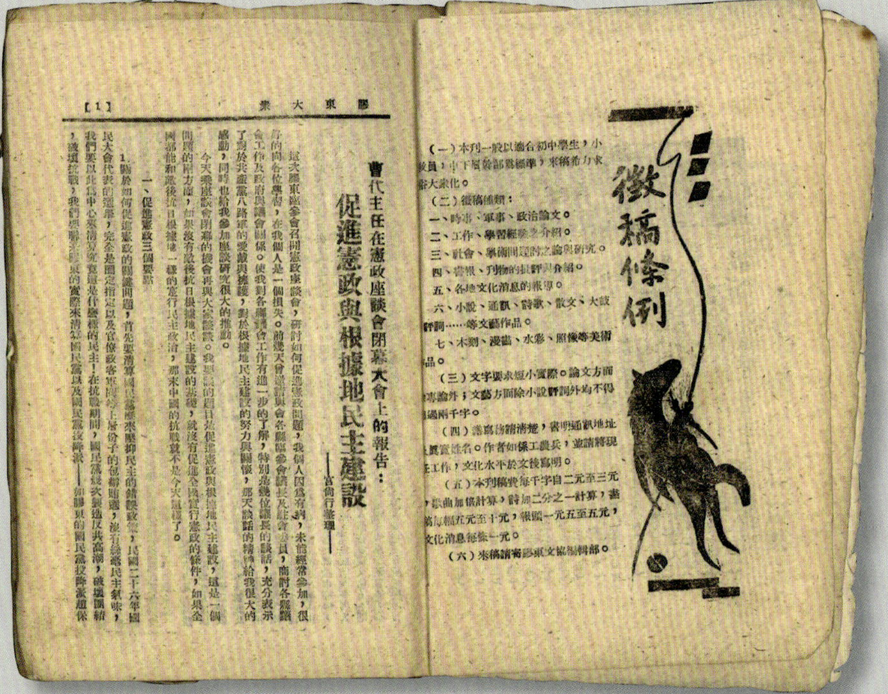

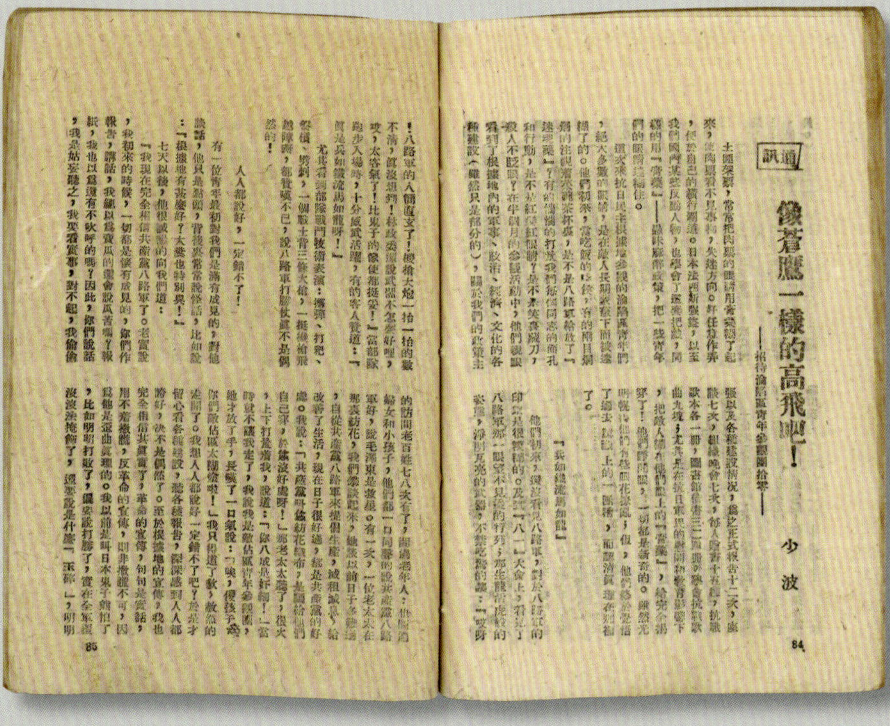

本代主任在憲政座談會閉幕大會上的報告：

促進憲政與根據地民主建設

徵稿條例

（一）本刊一般以適合初中學生、小學員、中下級幹部閱讀為準，要稱通俗力求大眾化。

（二）徵稿範圍：
一、時事、軍事、政治論文。
二、工作、學習經驗之介紹。
三、社會、學術問題研究之商討的文字。
四、故事、列傳的報告文學。
五、各地文化消息的報導。
六、小說、速寫、詩歌、散文、大眾劇詞⋯⋯等文藝作品。
七、木刻、漫畫、水彩、照像等美術品。

（三）文字要短小精悍，論文方面⋯⋯

讯通

像蒼鷹一樣的高飛罷！

少波

张瑞仁著、大众读物编译社出版
《中国工人运动史》

1945年
山东博物馆藏

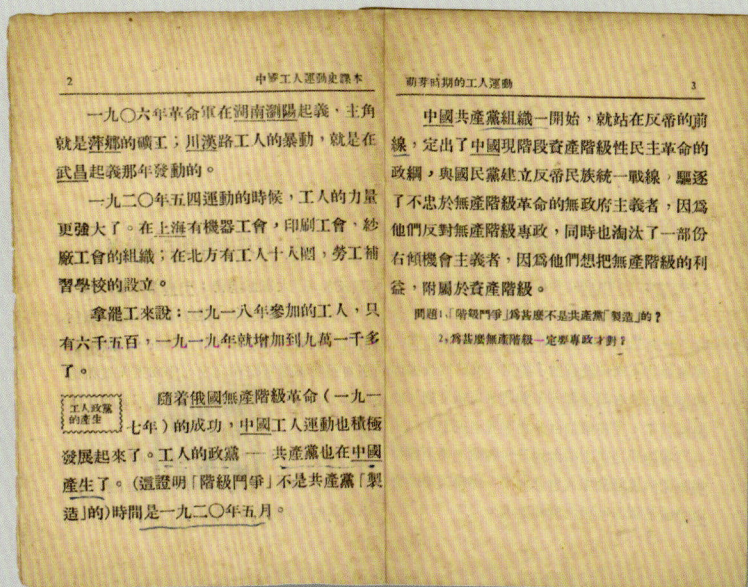

铅印。1945年大众读物编译社出版的张瑞仁著《中国工人运动史》。该书是较早研究中国共产党领导工农运动史的著作，内容共10课，包括《萌芽时期的工人运动》《香港海员大罢工》《"二七"大罢工》《轰动全世界的"五卅"》《上海的三次起义》《北伐的胜利和失败》《"四一二"惨杀和南昌起义》《广州起义》《上海日商纱厂反日同盟大罢工》《抗日民族统一战线中的工人运动》。在每一课的最后，作者都会提出两个问题，启发读者进一步思考。领导工农运动是新民主主义革命时期中国共产党的重要工作之一，因此工人运动史的研究，是中共党史研究的重要组成部分。

山东省胶东区行政公署印
《胶东区中等教育暂行规程（草案）》

1945年
烟台市博物馆藏

　　此规程共十五个章节。规程是根据新民主主义文化教育政策的基本精神及胶东的具体情况而拟定的。中等学校教育在于启发民族意识及民族精神，以培养科学知识及生活上必需的技能、培养建设中国的人才为宗旨。目标是培养大批具有坚定正确的政治方向、丰富的科学知识、为人民服务的牢固观念、较高经济建设技能的人才。规程中还详细明确地制定了对学生及教职工作人员的规定，明确了教学方向及目标，体现了对人才培养的重视。

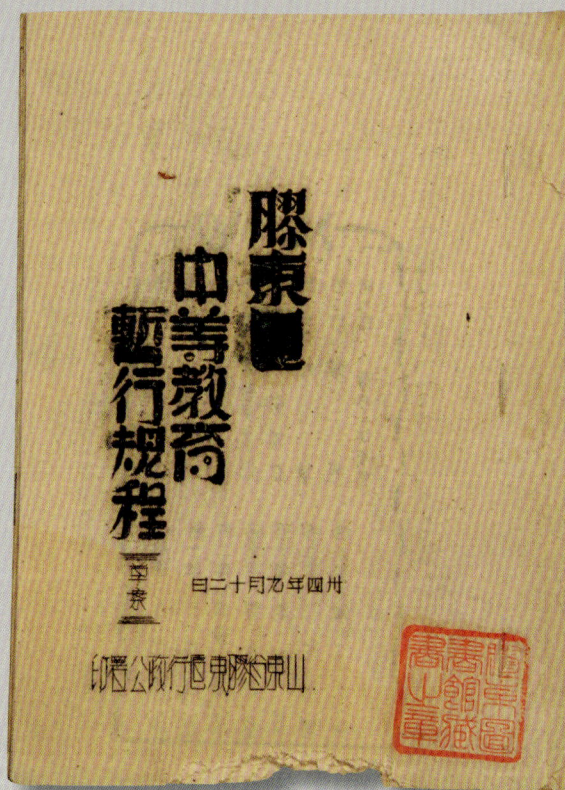

中共胶东特委机关报
《大众报》（1945年9月27日）

1945年
烟台市博物馆藏

1945年9月27日出版的第1248期《大众报》，内容涵盖胶东地区农业、工业、教育等各行业的信息。《大众报》是中共胶东特委的机关报，1938年8月13日在胶东黄县创刊。阮志刚、王卓青、王人三先后任社长。报纸是铅印四开四版日报。

《大众报》创刊以后，经历了抗日战争和解放战争两个时期，在战火中成长壮大。1939年春因报社转移及人员牺牲曾两度停刊。1940年冬，在日军

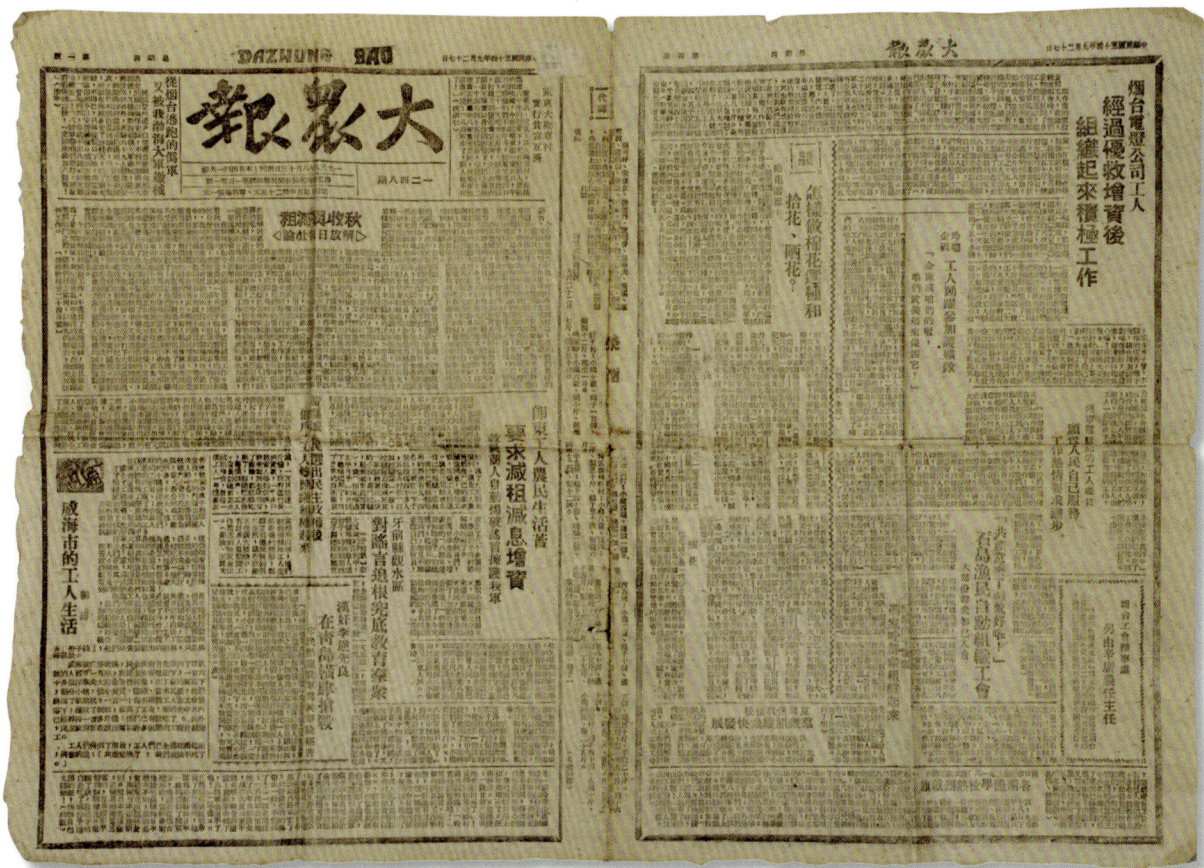

大"扫荡"中，该报出过铅印、油印和石印的二日刊或三日刊。1941年秋，大众报社奉命进入牙山，驻史家、苏家庄和鞠家庄一带。1942年，日、伪曾分别在春、夏、冬季，对根据地进行了三次大"扫荡"。报社无法集中在一起正常工作，于是化整为零，把各部门分散在山区坚持工作。《大众报》于1946年4月1日扩版，设有"胶东子弟兵""火炬""大众戏剧""大众卫生""农友""工农园地""新教育""工商副刊"八个专刊。1948年12月1日，《大众报》为更加突出地方报纸特色，避免与沂蒙革命根据地的山东省委机关报《大众日报》雷同，改名为《胶东日报》。1950年4月，中共胶东区委奉命撤销，《胶东日报》也完成了自己的历史使命而终刊。这张报纸从创刊到终刊的12年间，发行量曾高达10多万份，在解放区影响广泛。

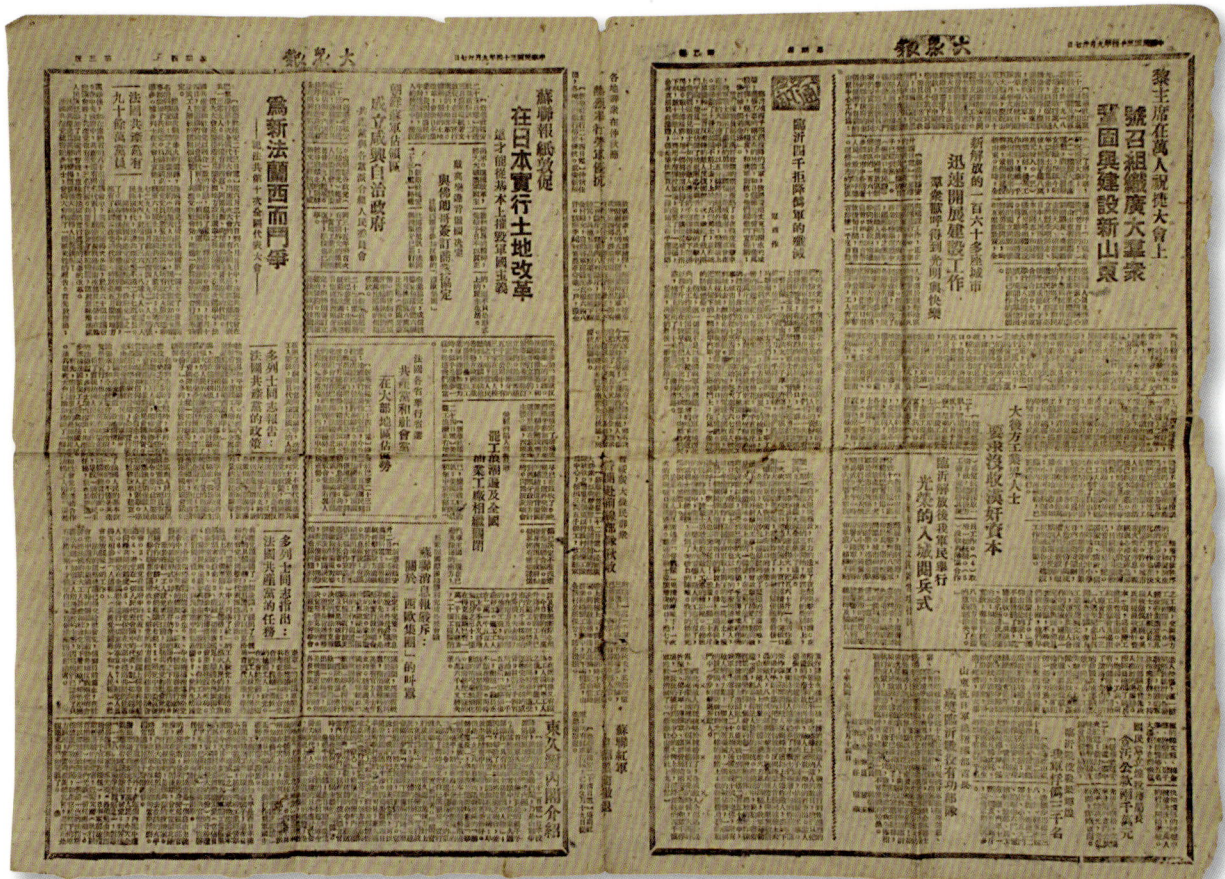

~山東教育~

化簡單化和取消階級主義的偏向。善於組織廣泛的統一戰線，使一切有用的形式和人材能由團結而改張，達到為新民主主義教育服務的目的。

但是這種思想問題的解決不能是抽象的空談的，前要其體體現在實際工作上，只有具體經驗才能更好的說明問題解決問題。不然許多教育工作者即便對新教育方針完全同意了，對舊教育的批判也接受了，但是沒有辦法，不知從何下手，仍應會苦悶不安的，因此山東教育便必需從交流經驗，介紹實際範例作起，才能其體解決思想上和工作上的問題。

照這樣的任務來說，山東教育的出刊，便不能只是我們幾位編輯同志的責任，而是全山東教育工作同志和關心教育的各方面同志們共同的責任。為此我希望大家共同支持愛護山東教育，對助它完成這樣一個飣巨的任洤，山東教育能否辦好，是否有用，就要看大家能不共同靠上責任而定，我想山東教育社全體同志是決心為大家的這個共同責任而服務的。

—— 4 ——

本期要目：

封面 ...... 那 邇

短論四則

發刊詞——紀念山東教育的創刊

山東省政府關於出刊山東教育的決定

★ 著論 ★

在冬學運動中貫澈教育新方針 ...... 蔚林記

翠敎師的選舉培養和使用 ...... 魯金坡

從配合中心工作中發展起來的板泉崖村學

★ 經驗 ★

發展和培綱工農通訊員的經驗 ...... 鈿潤生

戶部區的羣衆敎師是怎樣培養起來的 ...... 劉益生

開辦不久的臨沂民敎館

★ 介紹 ★

諸莒縣爭取和團結新地區知識青年的經過 ...... 邵父召

× 典型 ×

模範小先生董容劇 ...... 閆吾

× 報導 ×

李鳳柱的家庭學習 ...... 王左青

103

山东新华文摘社编《新华文摘》（创刊号）

1945年
山东省图书馆藏

　　《新华文摘》1945年11月20日创刊于临沂，初为半月刊，后改为不定期刊、月刊，由山东新华文摘社编辑，山东新华书店出版发行，是山东解放区第一个文摘性的综合刊物。1949年3月30日因编辑人员随军南下而停刊。

　　《新华文摘》办刊目的是，为干部的时事教育提供一些材料，使之把眼光放大到全国、全世界，从自己的部门工作出发，接触到更多更全面的工作。编辑部负责人先后由周保昌、叶籁士、华应申担任。

　　该刊刊登的文章以翻译、摘录、转载国内外报刊上的时事文章为主，如创刊号刊载的真理报社论《中苏关系发展上的重要阶段》、绿川英子的《在歧路上的日本》、朱可夫的《红军的新训练》、彼得洛夫斯基的《东欧新民主主义国家的对外贸易政策》等。同时，该刊也刊登党政军及文化界著名人士的文章，如郭沫若的《苏联纪行》、胡乔木的《论当前形势中的主要矛盾》、邓颖超的《彻底平分土地与妇女工作新任务》等。自第三卷起还增加了"书报评介""漫画之页""文化出版消息"等栏目，如《〈大渡河〉读后感》、库克林尼克西的漫画《英国老母鸡孵化着"西方集团"》、陶钝的《介绍一个村的文化生活》等。

　　1947年12月5日出版了《新华文摘（胶东版）》，刊期不定，仅出两辑，主要摘录上海及香港一些进步刊物上的文章。

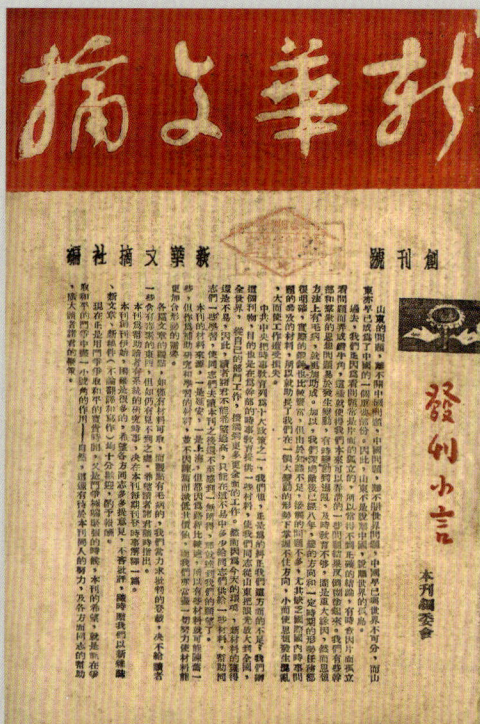

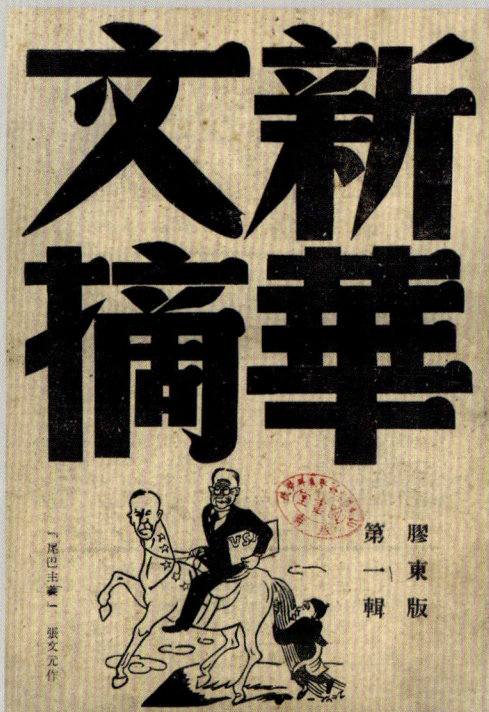

中共鲁西北地委机关报《鲁西北日报》（1945年9月6日）

1945年
山东博物馆藏

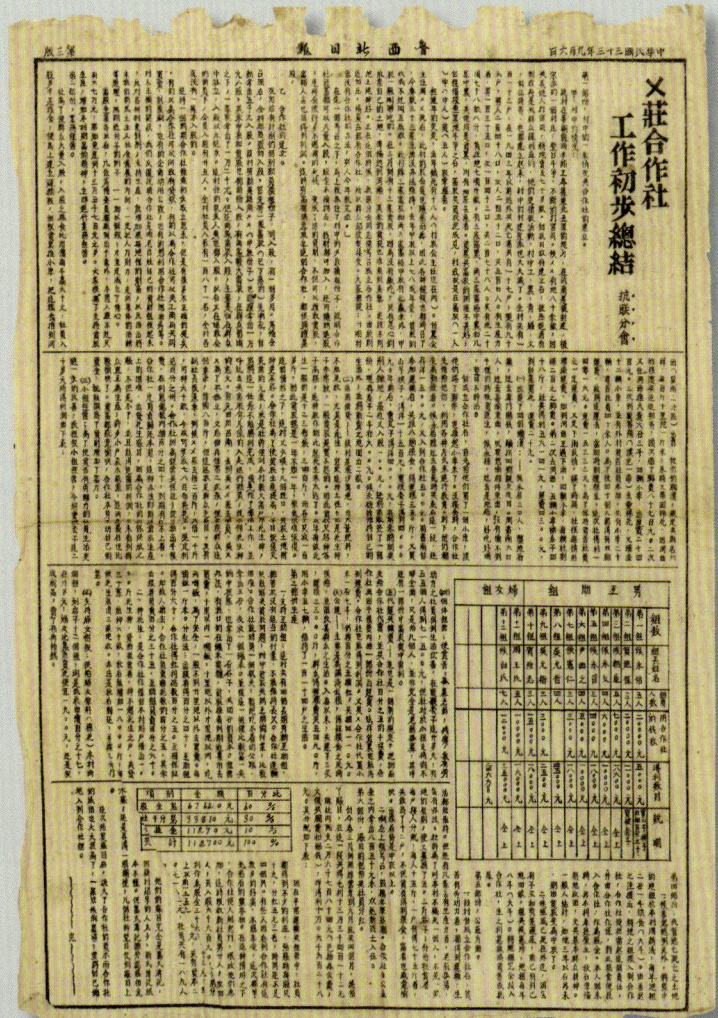

　　1945年9月6日出版的《鲁西北月报》主要刊登文章有《义庄合作社工作初步总结》。

　　《鲁西北日报》是中共鲁西北地委机关报，1944年初由丹彤（聊城冠城镇人）创办。全面抗战时期，丹彤在山东第六区政训处和冠县、莘县、鲁西北专区做抗日救亡工作。他1937年10月参加革命工作，1938年7月加入中国共产党。1944年初，创办《鲁西北日报》后任社长、总编辑。被选为晋冀鲁豫边区参议员。这期间主要致力于抗日群众工作、文化宣传工作及知识分子、开明士绅、民族宗教人士的统战工作，坚持抗日游击战争和根据地的建设，为鲁西北的抗日动员及武装抗日作出了积极贡献。1945年底，《鲁西北日报》停刊。

胶东医学研究会主编《胶东医刊》
（第一期）

1944年
山东博物馆藏

　　《胶东医刊》为不定期刊物，山东军区卫生部创办，胶东医学研究会主编，1944年4月在胶东创刊，停刊时间不详。主要刊载中共中央卫生工作方针、指示，防病治病经验介绍，医疗卫生技术指导及卫生常识等，共出刊十几期，这是胶东有史以来最早的医学刊物。

　　本期为创刊号，扉页上有曾担任胶东区行政公署主任的曹漫之的题词："我们当前的中心任务是把全胶东的医药人才组织起来，为抗战军民服务。"发刊词由曾担任胶东军区卫生部部长兼胶东行政公署卫生局局长的张一民撰写，文中特别强调，该刊是胶东根据地内的新医与国医（中医）共同的刊物，都有权利和义务向本刊投稿。在缺医少药的革命战争年代，《胶东医刊》的出版发行，为宣传抗日救国、提高医护人员素质、团结同行发挥了极其重要的作用。

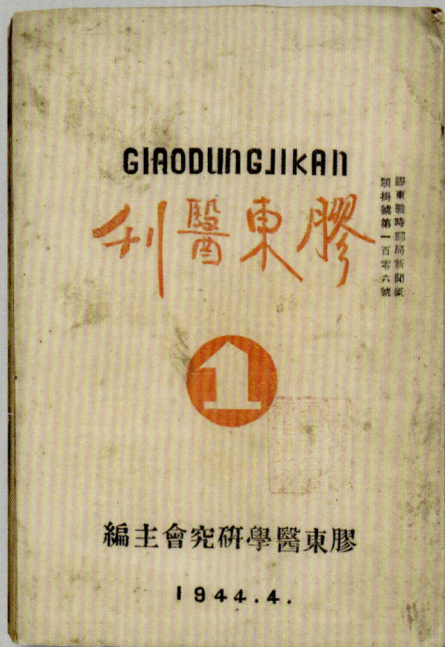

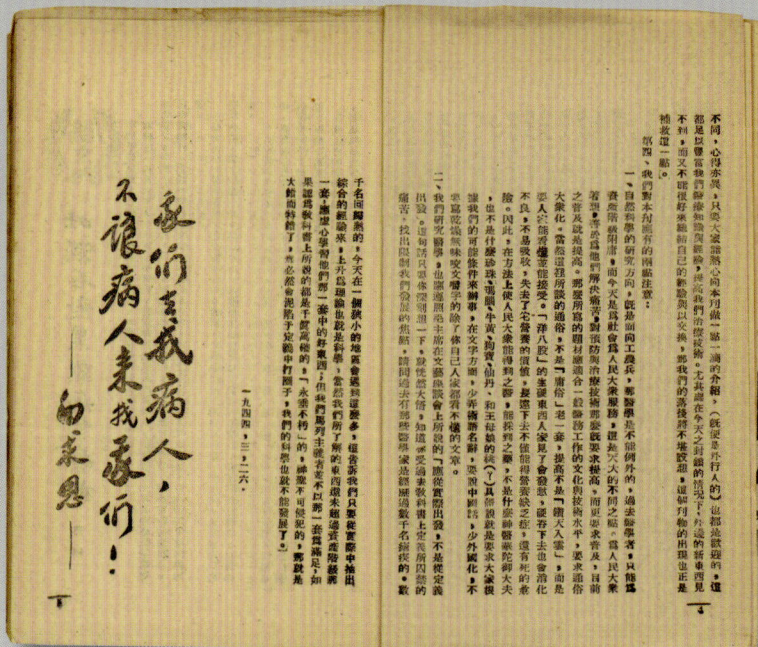

胶东生活社编印《胶东生活》
（第二十二期）

1942年
山东博物馆藏

　　本期《胶东生活》由胶东生活社于1942年5月5日编印出版。刊登了赵野民的《半年来在职干部教育的几个缺点及干部教育的新方针》、辛紫上的《一点自我学习检查》、李健吾的《我的读书经验》等文章。

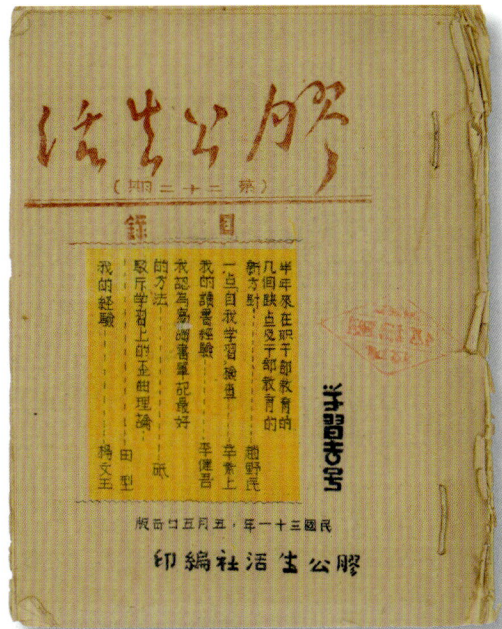

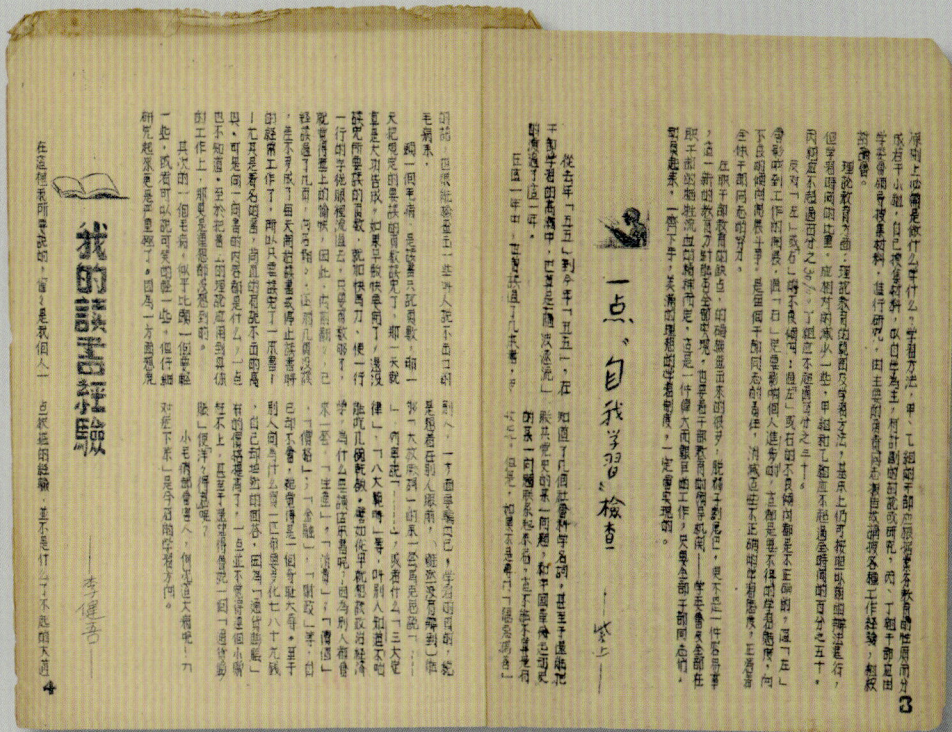

大众日报社编印的解放日报长篇史录
《"九一八"以来的国民党》

1943年
山东博物馆藏

　　1943年10月，大众日报社编印的解放日报长篇史录《"九一八"以来的国民党》，记录了自九一八事变以来国民党政府的各种对日妥协政策，对内进行内战剿共，揭露了国民党置民族大义于不顾、维持独裁统治的丑恶面目。与之形成鲜明对比的是在当时严重灾情面前，中共中央山东分局和山东省战时工作推行委员会以及各地区党委、政府在对敌斗争十分紧张的情况下，把救灾安民作为头等大事来抓。根据地军民共同努力，战胜了灾荒。广大群众对共产党更加爱戴，抗日和生产情绪进一步高涨。

**冀鲁豫军区司令部出版《军事月刊》
（创刊号）**

1945年
山东博物馆藏

　　《军事月刊》（创刊号）除发刊词、编后记外，刊发了朱德在中共七大所作的军事报告《论解放区战场》，曾任冀鲁豫军区参谋长的曹里怀的《从最近几次战斗中来谈街市村落战斗的几个问题》，以及王之青的《如何使用无线电通讯》，还转载了苏联元帅朱可夫的《红军的新训练》等。

　　《军事月刊》，冀鲁豫军区司令部主办，1945年7月在冀鲁豫边区创刊。在抗战取得重大胜利的时期，山东八路军部队克服无数困难，巩固和壮大自身，在作战指挥、后勤工作、参谋工作等方面都

积累了许多经验。这些用鲜血换来的经验，是建军和准备大的战略反攻的基础，有广泛地加以科学研究和总结的必要。在这种形势下，冀鲁豫军区作出出版《军事月刊》的决定。军区司令部发动全体指挥员总结自己的经验，提高战术水平，总结练兵工作、司令部工作、后勤工作经验，更细密和认真地研究敌、我、友的情况变化，并在全军区广泛交流。同时要求每个指挥员、后勤工作人员、参谋工作人员，为《军事月刊》写稿，把《军事月刊》看作自我学习的良好园地。

中共山东分局第三区党委编印
《斗争》（创刊号）

1940年
栖霞市牟氏庄园管理服务中心藏

　　《斗争》，1940年创刊，中共山东分局（即中共中央山东分局）第三区党委编印。主要刊载党的文献和苏区领导人撰写的指导苏区工作的论文，是典型的政治理论性刊物。此创刊号是中共胶东区委（1939年7月，胶东区委改称山东第三区委员会，但习惯上仍称胶东区委）为开展支部教育工作、根据实际情况编写的通俗易懂的党员教材。此外，中共胶东区委还创办了《党内教育》（后改为《斗争》）。

山东新华书店出版
《教育英雄张健华》

1946年3月
中共山东省委党校（山东行政学院）图书和
文化馆藏

　　铅印本，正文58页。阎吾等编，1946年3月由山东新华书店出版，内容收录了张健华、于明、刘树娥、董春兰、纪丕福、韩邦礼等人先进事迹。

　　庄户学是莒南县莲子坡小学教师、教育英雄张健华创造的一种办学形式。1943年，张健华从山东滨海中学师范部毕业后，分配到莒南县洙边区刘家莲子坡村做小学教员。他根据家庭生产情况将学生编为几个小组，教学方式与生产劳动相结合，平时在地头、坡前讲课，遇到雨雪天气，就到教室中学习，做到了"田野山岭都是课堂"，做什么学什么，把教学和生产结合起来，是小学教育的创新。教学内容是为抗日战争服务的，将政治教育放在首位，教材根据当时的形势和任务随编随教。"庄户学"作为一种质朴而灵活的办学形式，因地制宜在某些经济文化基础比较落后、群众生活困难较大的地方生根发芽，以适应群众的需要，使更多的成年人和儿童得到受教育的机会，提高了其政治文化水平。

　　1944年冬，全省行政工作会议决定在根据地实行教育大改革。山东各抗日根据地在"成人教育重于儿童教育"的方针指导下，以莲子坡为样板，形成了一种庄户学运动。莒南县率先下令把小学一律变为"庄户学"。同年11月，张健华在全省行政工作会议上介绍了创办"庄户学"的经过，张健华因此被山东省战时行政委员会授予"山东省教育英雄"称号，莒南县洙边区因此也被确定为全省教育实验区。

山东青年救国联合总会出版
《纪念二十七届国际青年节特辑》

1941年
山东博物馆藏

　　1941年9月山东青年救国联合总会出版。主要内容有《山东青联为纪念国际青年节的指示》《青年座谈会总结记录》《青年联合大露营的日志》等，在动员农村、工厂、学校和军队青年运动、支援抗战方面作了详细阐述。

　　1940年8月，山东省第一次青年代表大会在沂南青驼寺召开，成立山东省青年救国联合会，标志着全省青联组织的正式诞生。会上通过了《山东省青年救国联合会工作纲领》，规定了青救会要"以动员青年参战，促成青年团结统一，领导青年学习与教育，谋得青年之切身福利，争取抗战胜利，完成中华民族彻底解放为宗旨"。山东省青年救国联合会是党领导下的以山东共青团为核心力量的全省各青年团体的联合组织，是全省各族各界青年广泛的爱国统一战线组织。山东省青年救国联合会是中华全国青年联合会团体会员，接受其指导，并遵守《中华全国青年联合会章程》。1946年3月，山东省青年救国联合会改名为山东省民主青年联合会。

胶东青年社主编《胶东青年》
（第三期、第六期、七月号第一卷）

1943年
山东博物馆藏

　　《胶东青年》1940年创刊（一说1942年创刊），初为胶东青联会刊，由胶东青年社主编，胶东联合社出版，胶东战时邮局发行。初创时，8开2版或4版，刊期不定，石印。1941年改为月刊，受战事影响，刊期有时延长，32开，铅印。文章短小精悍，多是探讨青年问题类文章。1943年1月第6期开始，改由胶东文协编辑出版，马少波任主编。1945年春，因编辑人员或随团考察或深入基层体验生活而停刊。

　　内容主要有时事述评、人物介绍、工作方法、科学常识、写作常识、通讯报道等。以高小生至中学生为读者对象，主要刊登国内外大事、当前形势、胶东根据地青年运动状况及对敌斗争、工作方法等方面的稿件，也刊登文学、艺术作品或科学常识。第三期社论为反对敌人抓壮丁的企图，强调兵民结合，普遍开展民兵工作，成立互助小组，有效防范敌情，保护春耕生产。第六期刊登了埠西头小学杨玉杰的个人生产节约计划。从1941年开始，山东抗日根据地的党政军领导在组织广大群众进行生产的同时，在部队、党政机关、群众团体中开展了生产节约运动。这成为度过困难时期，解决财政经济供给紧张问题的重要措施之一。七月号第一卷重点刊登了《向中国人民的领袖——毛泽东学习》一文。

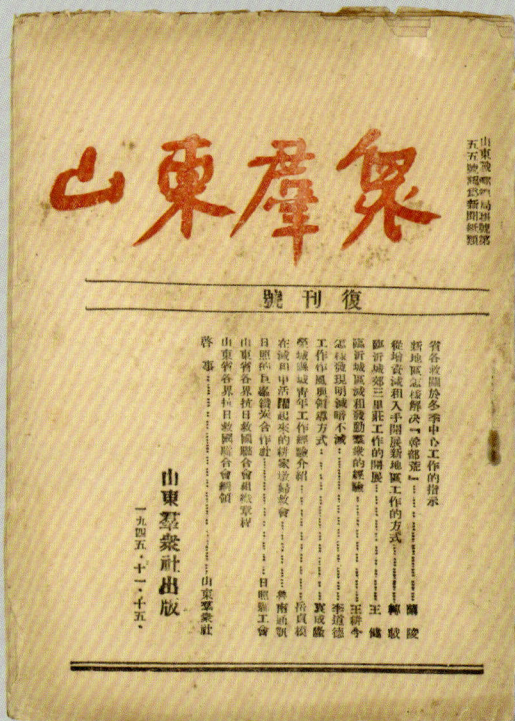

山东群众社出版《山东群众》（复刊号）

1945年
山东博物馆藏

  《山东群众》（复刊号）于1945年11月15日由山东群众社出版，篇目包括《省各救关于冬季中心工作的指示》《新地区怎样解决"干部荒"》《从增资减租入手开展新地区工作的方式》《临沂城郊三里庄工作的开展》《临沂城区减租发动群众的经验》《怎样发现明减暗不减》《工作作风与领导方式》《荣城县城青年工作经验介绍》《在减租中活跃起来的耕家墩妇救会》《日照的巨峰铁炭合作社》《山东省各界抗日救国联合会组织章程》《山东省各界抗日救国联合会纲领》以及山东群众社发的启事。这些篇目明显地体现出《山东群众》密切联系实际，文章通俗易懂，有较强针对性和指导性的办刊宗

旨。《山东群众》有效地配合了当时山东根据地的中心工作，宣传了中国共产党的政治主张和方针政策，成为根据地全体军民喜爱的精神食粮。

  1943年后，抗日根据地军民经过顽强抗敌，逐步渡过难关，各项事业开始发展，期刊也逐年增多，一些影响大、持续时间长的期刊多是这时期创办的，如《山东群众》《山东文化》《山东画报》《胶东画报》《渤海画报》《山东医务杂志》《新华文摘》《山东教育》等。1944年2月15日，山东省各界抗日救国联合总会作出《关于出版〈山东群众〉的决定》。同年5月，《山东群众》创刊，10月停刊，1945年11月15日复刊。

青年人社编印出版《青年人》
（第二十七期）

1944年
山东博物馆藏

　　《青年人》由清河区青救会主办、青年人社编印出版，是宣传抗日、民众学习抗日知识的重要阵地。《青年人》第27期出版于1944年10月。1941年11月，清河区各救会在博兴县高阜官庄建立青年人社印刷厂，为石印厂，主要任务是承印清河区青救会主办的《青年人》月刊、妇救会主办的《战地妇女》月刊和清河区党委机关业余漫画研究会主办的《群众画刊》。抗日战争和解放战争时期，山东新华书店及胶东、渤海、冀鲁豫等新华书店出版发行《山东教育》《山东文学》《新华文摘》《文化翻身》等各种期刊，一般每期发行5000册左右，其中后两种期刊发行时间较长，数量较多。渤海出版的《青年人》《渤海文化》等期刊，发行时间较短（1947年停刊），数量较少。

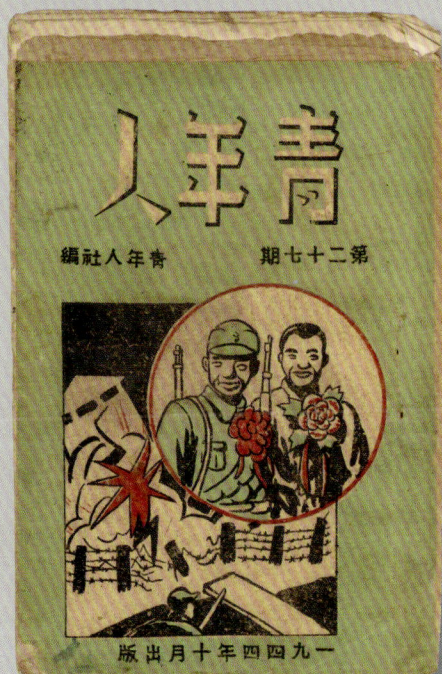

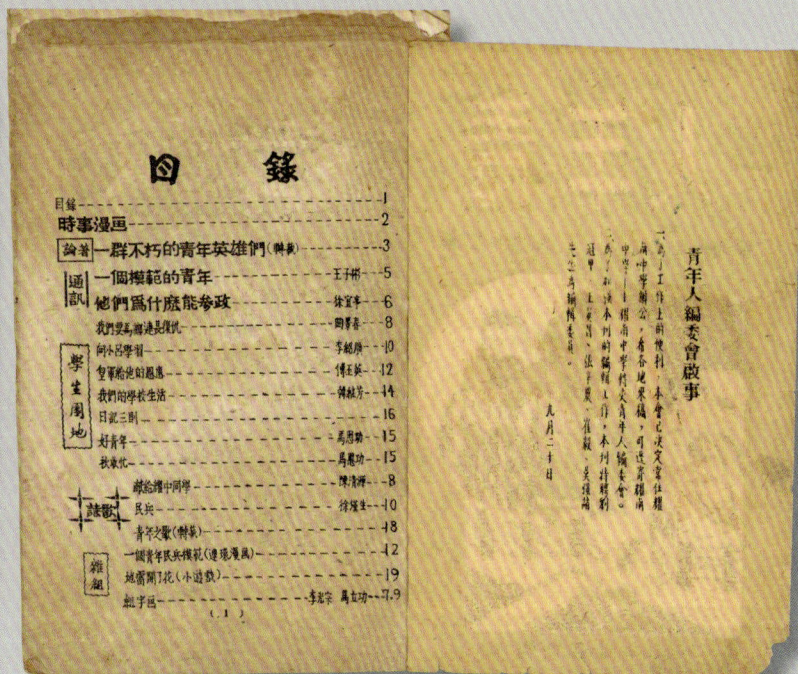

华北新华书店编辑出版
《新大众》（第四期）

1945年
山东博物馆藏

　　《新大众》1945年6月1日创刊，由华北新华书店编辑出版，是综合性的通俗化、大众化读物。初始为月刊，后改为半月刊。王春、冯诗云、章容、苗培时、赵树理等都担任过编辑。《新大众》根据群众的需要设立了多种栏目，如"有问必答""天下大事"等，稿件内容朴实，通俗易懂，图文并茂，主要包括时事短评、报道、人物介绍、歌曲、图画、通俗文艺作品等。该刊物内容活泼，语言生动，可读性强，深受大众喜爱。到1947年底停刊改版，共出版45期。从1948年1月1日起，《新大众》杂志由半月刊改为周报，即《新大众报》。1949年

3月15日，《新大众报》迁入北平，改为《大众日报》出版，7月改为《工人日报》，归属全国总工会领导。

　　《新大众》1945年第四期主要刊登文章有：《献给前线》《日本为啥会投降（座谈会）》《远东的红军》《胜利不是容易得来的》《蒋介石葫芦里卖的什么药》《墨索里尼怎样死在人民手里》、故事新解《降魔》《长征中的几件事》《天下大事》、救护常识《香油纱布》等文章，还有"大众信箱""有问必答""诗歌图画"栏目。

第三章

大众文艺
时代号角

　　随着抗战进入相持阶段，山东抗日根据地各级民主政府开始把工作重心转移到组织和动员民众上来。在日、伪频繁"扫荡"的形势下，中共中央山东分局克服环境动荡、物资困难、人员缺乏等种种困难，适应新的斗争形势、新的政治任务的特点，加强对宣传文教工作的领导。1943年以后，广大文艺工作者贯彻党的文艺方针，纷纷深入到连队和农村，开展群众性的文化活动，农村文艺活动有组织、有计划地广泛开展起来。

　　山东抗日根据地不断发展完善的文艺工作，培养锻炼出一大批文艺人才。在党的新的文艺思想指导下，这些文艺人才的思想认识和工作作风发生了深刻变化，提高了深入生活与工农相结合的自觉性，为抗日斗争和根据地建设作出了重要贡献。

贺敬之

1924—

出生于山东峄县，1940年春奔赴延安，入鲁迅艺术学院文学系学习。1941年，17岁的他先后到安塞山沟里的皮革厂和附近的难民纺织厂工作半年多，体验生活，并成为一名共产党员。延安的崭新生活和校园内热火朝天的歌咏活动，激励、熏陶着他，他写诗歌颂革命。当他发表在墙报上的短诗被曲作者麦新谱曲传唱后，激发了他创作歌词的浓厚兴趣和强烈欲望。他认为歌曲更易于被广大工农兵群众所接受、传唱，产生强烈的感染、激励和鼓舞人民的艺术效果。

贺敬之延安时期歌词创作紧贴当时广大人民群众火热的现实斗争生活，无论是歌颂党和人民领袖、歌唱劳动英雄及工农兵建设和保卫边区的业绩与精神，或抒发劳动人民翻身作主人的幸福感情，无不写得感情真挚，内容深刻，表现了时代精神。他善于吸取群众语言和民歌形式中种种富有生命力的艺术表现手法，进行艺术锤炼和再创造，使其具有诗的美感与魅力，形成了独特的歌词语言风格和结构艺术。

贺敬之《毛泽东之歌》手稿

1941年
台儿庄区贺敬之文学馆藏

手稿共4页。贺敬之于1941年创作，1972年修改。《毛泽东之歌》是贺敬之创作的第一首歌词，由马可作曲。这首歌热情讴歌解放区的新生活，表达了人民对领袖的无限尊敬与深厚感情，也是比较早地以"太阳"来比喻和赞颂人民领袖的文学作品，很快在解放区广泛传唱。此后，他创作了《翻身道情》《南泥湾》等具有代表性的一大批歌曲，传唱至今。

毛泽东之歌

穿过平原和草地，
穿过高山和大河，
直到那远远的沙漠地方，
直到那波涛汹涌的海洋——
一个光辉的名字在万里风云中传扬，
亿万人民在心中把他歌唱。
歌唱伟大的领袖，
歌唱灿烂的太阳。

穿过平原和草地，
穿过高山和大河，
直到那远远的沙漠地方，
直到那波涛汹涌的海洋——
英勇的中国人民在暴风雨中前进，
迎来今日征途万道曙光。
因为有伟大的领袖，
因为有灿烂的太阳。

代表人民的意志，
毛泽东的声音震荡；

指引革命的航向，
毛泽东的手臂高扬。
他用真理武装人民武装党，
率领革命大军奔向战场。
团结在伟大毛泽东的周围，
我们是打不破的铁壁铜墙。

代表人民的意志，
毛泽东的声音震荡，
指引革命的航向，
毛泽东的手臂高扬。
我们跟随他战斗前进，
伟大祖国一定要解放！
我们永远跟随他前进，
向革命征途更远的前方！

毛泽东之歌

穿过平原和草地，
穿过高山和大河，
直到那远远的沙漠地方，
直到那波涛汹涌的海洋——
一个光辉的名字在万里风云中传扬，
亿万人民在心中把他歌唱。
歌唱伟大的领袖
歌唱灿烂的太阳。

穿过平原和草地，
穿过高山和大河，
直到那远远的沙漠地方，
直到那波涛汹涌的海洋——
英勇的中国人民在暴风雨中前进，
迎来今日征途万道曙光。
因为有伟大的领袖
因为有灿烂的太阳。

代表人民的意志，
当毛泽东的声音震荡；
指引革命的航向，
看毛泽东的手臂高扬。
他用真理武装人民武装党，
率领革命大军奔向战场。
团结在伟大毛泽东周围，
我们是打不破的铁壁铜墙。

代表人民的意志，
当毛泽东的声音震荡，
指引革命的航向，
看毛泽东的手臂高扬。
我们紧紧跟随他前进，
伟大祖国一定要解放！
我们永远跟随他前进，
向革命征途更远的前方！

一九四二年作，一九七二年八月改。

《山东省文化界救国协会简章（草案）》

抗日战争时期
山东博物馆藏

　　油印。简章（草案）共十条内容，主要规定了协会名称、宗旨、会员资格、组织分工、会费等相关内容。根据草案，协会以团结山东文化界同人，保护文化界同人权益，开展新民主主义文化运动，对敌展开文化斗争为宗旨。会员分为团体会员、个人会员、名誉会员三种。协会最高权力机关为会员代表大会，闭会期间以执行委员会为执行机关。执行委员会设执行委员23至29人，由会员代表选举产生。

　　山东省文化界救国协会，简称省文协，是中华人民共和国成立后省文联的前身。其前身为群众性抗日团体——鲁南国民抗敌协会（简称抗协），1942年冬，抗协省会部撤销，其机关的行政班底改为山东省文化界救国协会。

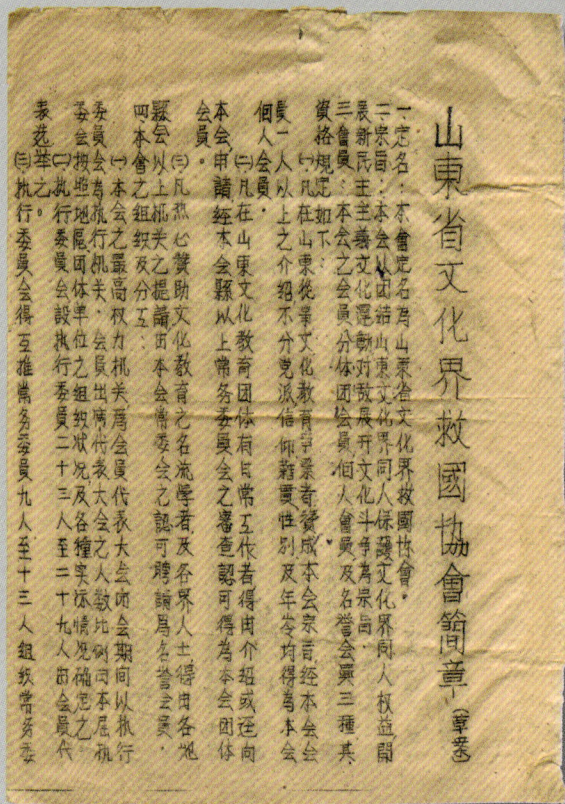

抗日战争时期，伴随着抗日斗争的展开和抗日根据地的发展扩大，中共山东地方组织领导的新闻工作逐步发展起来。在抗战之初的抗日救亡运动中，中共组织、统一战线组织、各抗日民众团体及时编印报刊、传单，开展抗日宣传工作。此间创办的报刊总数约在 30 种以上。1941 年至 1942 年，新创办的各种期刊达三十多种。1943 年秋以后，随着形势的好转，人民群众对文化读物的需求更为迫切，期刊出版得到进一步发展。这些期刊办刊宗旨明确，内容贴近现实，有较强的针对性和指导性。1943 年，山东省文协主办的《山东文化》《农村生活》，山东省各救总会主办的《山东群众》，山东军区政治部主办的《山东画报》，均拥有较多的读者，产生了较大影响，一些主要报刊取得显著成绩。

《山东文化》是抗日战争时期山东抗日根据地较早出现的一个综合性文艺杂志，也是在中国文学期刊中影响较大的《山东文学》的前身。1943 年 3 月 1 日，由山东省文协主办的《山东文化》在莒南创刊。期刊为月刊，张立吾、张凌青、刘雪苇等先后担任主编。创办初期，编辑只有刘知侠、尚力科，后来编辑队伍不断扩大。该刊读者对象创刊初期以中下级干部为主，1946 年复刊后以大中学生、中小学教师及有中等以上文化程度的干部为主。1945 年 8 月日本投降，该刊编辑人员作为前线记者随山东解放区部队开赴新战场，《山东文化》因而暂停。1945 年冬至 1946 年春在临沂复刊，1947 年又停刊。

该刊内容广泛，包括文艺理论、文化工作、政治、经济、教育、史地、文学、艺术、科学等，但文艺占了相当大的篇幅。刊物从创刊起，就以主要篇幅，通过报告文学、通讯、小说、故事、诗歌等多种文艺形式，真实地反映了根据地军民的战斗生活、生产劳动、拥军爱民以及广大农民的翻身斗争、农村的新人新事新风尚等，歌颂了各条战线的英雄模范人物；还发表论述性文章和评价历史人物及作品的文章。它使根据地军民得以及时了解当时的斗争情况和英模人物的事迹，因而产生了比较广泛的影响。

山东省文协编《山东文化》
（创刊号）

1943年3月1日
临沂市博物馆藏

　　《山东文化》创刊号，铅印，共计89页，26篇文章。封面上端四个大字"山东文化"，山东省文协编，1943年3月1日出版。封面右侧有蓝色绘画图案，封底有《山东文化征稿规约》六条规定，以及刊物信息：编辑者、发行者为山东省文协编辑部，印刷者为大众日报社，总代售处为大众日报社，分销处为各级文协、各县文教科。

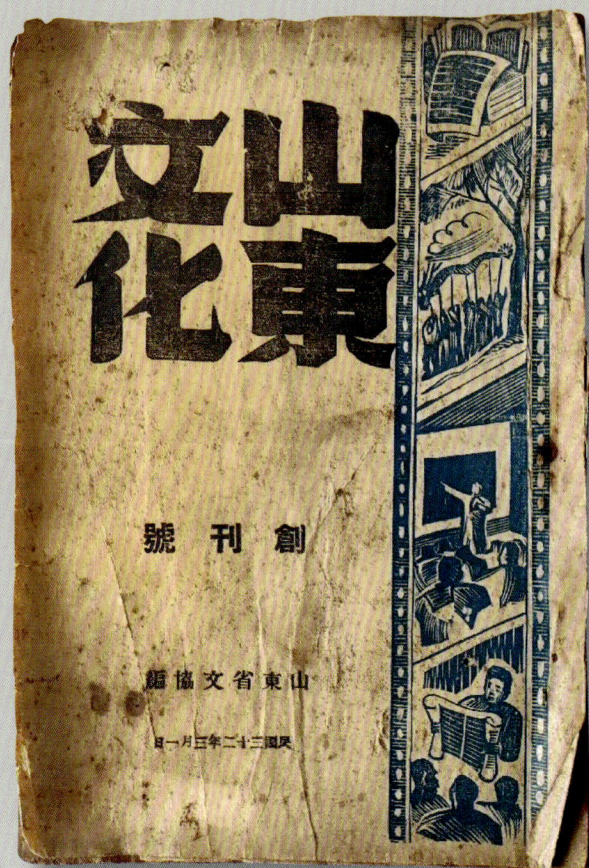

山东省文协编《山东文化》
（第二卷第四期）

1945年5月
山东博物馆藏

　　1945年5月，山东省文协编，内有"工作指导""论著""问题研究""艺文"四个栏目，指出加强群众文艺工作指导是"今后全盘文艺工作的首要任务，也是本刊要着重努力的任务"。

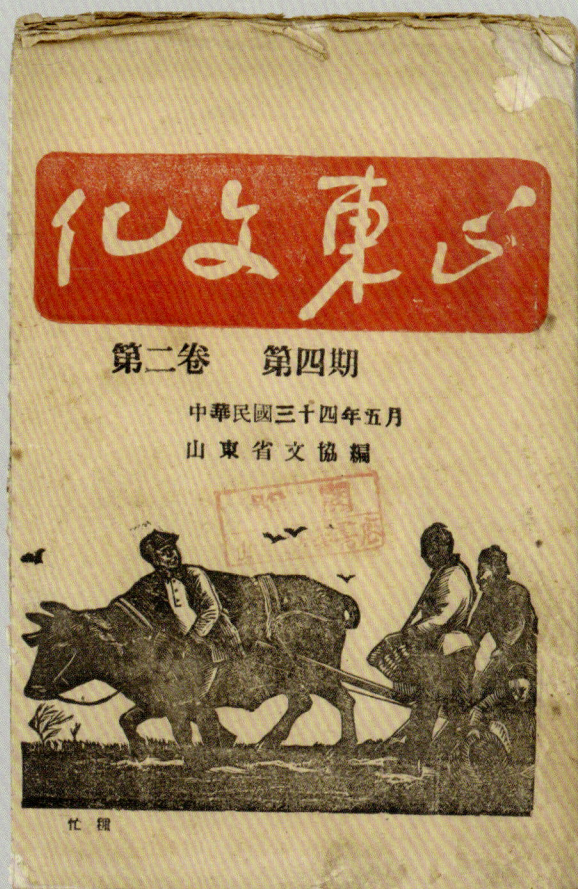

山东省文协编《山东文化》
（第五、六期合刊）

1943年8月
山东博物馆藏

《山东文化》第五、六期合刊由山东省文协编辑部于1943年8月编辑发行，大众日报社印刷代售。内刊《山东省文协为反对分裂内战坚持团结抗战告文化界同胞书》等文章。

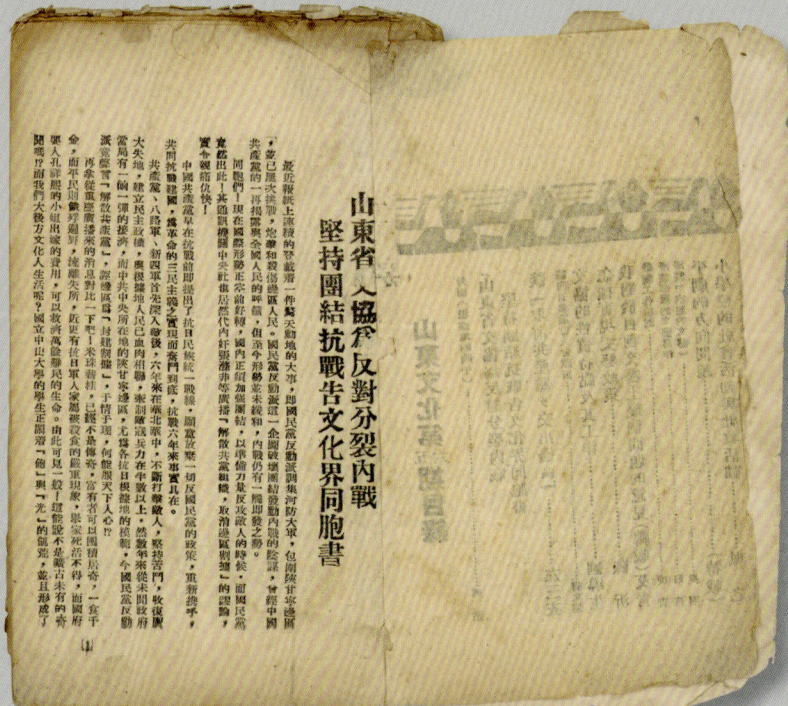

傅超武

1922—1992

　　昌邑虫埠村人，笔名超武，著名电影艺术家、戏剧家。1938年参加八路军，从事部队文艺工作，后调入山东抗日人民政府在临沂创办的山东大学艺术系。1948年春，中共中央华东局决定，以山东大学为基础，在潍县成立华东大学。傅超武任华东大学艺术系主任，1950年调上海电影制片厂，1951年任上海译制片厂导演。自1942年开始创作生涯，先后创作了京剧《报告》（荣获1942年山东文协二等奖）、话剧《分家》（获1949年山东文协一等奖）、《英雄好汉》等，导演了《雪甫琴柯》《前方来信》等数十部译制片和国产故事片。

山大剧团印《英雄好汉》（四幕话剧）

1946年5月
山东大学图书馆藏

　　傅超武著，山大剧团油印本。1945年3月至8月，日照八路军武工队队员丁维修被汉奸抓捕入狱。经过各种威逼利诱、严刑拷打，均不招供，表现出"生要好好生，死要好好死，头可断，血可流，只要不投降，宁作刀下魂"的革命英雄气概，最后因日、伪投降，八路军攻打县城而获救。日照民间流传着"好人不该死，丁维修大命"的故事。傅超武将这个故事改编成四幕话剧，将"丁维修"化名"丁铁修"，搬上舞台，用来宣传抗日、歌颂八路英雄。经过多次舞台表演和剧本修改，在1946年5月形成最终剧本，并由山大剧团油印出版。

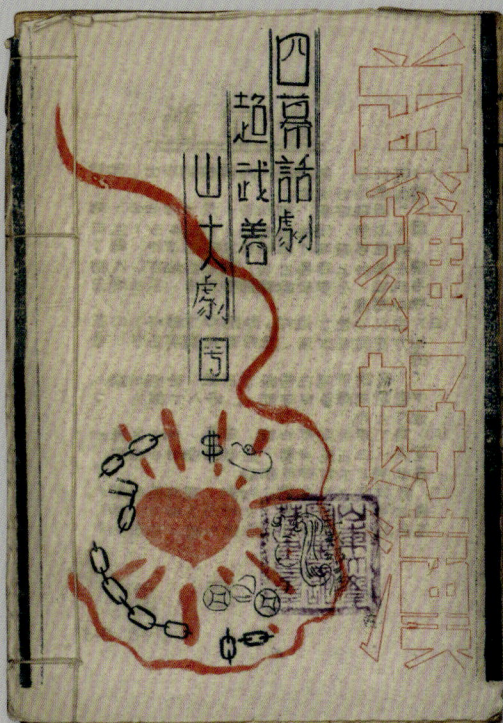

虞棨

1916—1984

原名于家骧，字德骧，山东掖县（今莱州市）人。1933年中学毕业后，在掖县朱由村小学任教。1938年参加革命，任胶东抗日游击第三支队剧团团长。1939年加入共产党，任八路军山东纵队第五支队国防剧团团长，胶东文联常务委员。1949年出席全国文代会，当选为全国剧协理事。1950年任山东军区文化部副部长。1951年在山东省第一届文代会上当选为省文联常务委员、省剧协主席。同年调解放军总政文化部工作，历任电影处处长，创作室主任，文艺处处长、副部长等职。后为总政文化部顾问、全国文联委员、中国剧协书记处书记。

胶东新华书店出版《气壮山河》（四幕话剧）

1946年
山东大学图书馆藏

四幕话剧《气壮山河》，主要讲述在残酷的反"扫荡"斗争中，八路军战士同当地群众团结战斗，机智巧妙地掩护群众突出重围的故事。1945年抗日战争胜利后，为纪念曾在胶东大地浴血奋战、英勇献身的烈士，胶东人民在英灵山修建了烈士纪念塔。是年10月，虞棨参加了胶东烈士纪念塔落成典礼。任常伦、"马石山十勇士"等英雄形象和战斗事迹时刻在他脑海中闪现。为悼念烈士，他以先烈们全心全意为人民的崇高品德和坚定党性为指导思想，创作了四幕话剧《气壮山河》。

焦玲

1927—2018

生于山东东营，1938年参加革命，曾任耀南剧团战士、渤海军区宣传部宣传干事。革命战争时期，焦玲与丈夫符浩在清河区工作数年。耀南剧团始建于1938年，其前身是八路军山东游击第三支队政治部宣传队。1940年为纪念马耀南司令员，改称"耀南剧团"。耀南剧团迁入垦区后，以京剧艺术带动了人民群众的文化教育工作。

焦玲使用过的演出道具小镲

抗日战争时期
东营市垦利区博物馆（含渤海垦区革命纪念馆）藏

耀南剧团女战士焦玲使用过的演出道具小镲。

新智识书店出版
《新文艺运动的方向》

1942年
山东博物馆藏

1942年新智识书店出版。

山东地方党组织领导的文化艺术工作是在抗日战争时期蓬勃发展起来的。1939年3月，中共中央山东分局领导针对山东鲁迅艺术学校的成立，提出了3项重要任务：艺术学校要服从整个抗战活动，要创造抗战艺术堡垒，把如何开展抗日战争表现在艺术作品里。不仅要造就一批担任文化娱乐工作的干部，而且还要造就许多新的艺术家。对剧团的管理要注意生活的规律、作风的民主、行动的迅速准确，与工作学习密切结合起来。

1942年六七月间，中共中央山东分局召开文化工作会议，制定出了发展文艺工作的措施。机构团体负责人、专业工作者积极发表文章，指导推动文艺运动发展。对有关文艺工作的新方向、文艺工作面向工农兵、与工农兵结合、为工农兵服务等方面提出了新的要求。在党的文艺思想指导影响下，文艺工作者的思想认识和工作作风发生了深刻变化，山东抗日根据地文艺工作进入新的发展阶段。山东党组织通过民众组织，加强民众政治文化教育，提高民众的政治认识；扩大党报、党刊，发展出版事业，增加党的建设、军事理论、马列主义基本教材；创造抗战的艺术堡垒，培养文艺工作干部和艺术家，发展文化艺术事业。

1

引言

（一九四二年五月二日）

同志們：今天邀集大家來開座談會，目的是要和大家交換意見，研究文藝工作和一般革命工作之間的正確關係，求得革命文藝的正確發展，求得革命文藝對於其他革命工作的更好的協助，藉以打倒我們的民族敵人，完成民族解放的任務。

在我們為中國民族解放的鬥爭中，有各種的戰線，就中也可以說有文武兩種戰線，這就是文化戰線和軍事戰線。我們要戰勝敵人，首先要依靠手拿槍的軍隊，但是僅僅有這種軍隊是不夠的，我們還要有文化的軍隊，這是團結自己、戰勝敵人必不可少的一支軍隊。自「五四」以來，這支文化軍隊就在中國形成，幫助了中國革命，使中國的封建文化和適應帝國主義侵略的奴隸文化的地盤逐漸縮小，其力量逐漸削弱，以至現在反動派只能提出「以數量質取勝」的辦法來抵抗新文化，雖然出不出好東西，但是可以賭得多。在五四以來的文化戰線上，文藝是一個重要的有成績的部門，革命的文藝運動和當時的紅軍作戰，這是兩支軍隊，彼此都是孤軍作戰，這是因為當時的反動派把這兩支軍隊從中隔斷了的原故。抗戰以來，革命的文藝工作者到了延安及各個抗日根據地的多起來了，這是一件很好的事，但是到了根據地，並不等於與根據地人民的運動相結合，我們今天開的會，就最要使文藝很好地成為整個革命工作前推進，就要使這兩者完全結合起來。

6

結論

（一九四二年五月二十三日）

同志們：我們這個會在一個月裏開了三次。大家為了追求真理，進行了熱烈的爭論，有黨的非黨的同志幾十個人講了話，把問題展開了，並且具體化了，我認為這是整個文學藝術運動很有益的。

我們討論問題，應該從實際出發，不是從定義出發。如果我們按照教科書，找我們關於文學藝術的各種定義，然後按照這些定義來規定今天文藝運動的方針，來評判今天所發生的各種意見和爭論，這種方法是不正確的。馬克思主義者看事情要從客觀存在的事實出發，從分析這些事實中找出方針、政策、辦法來，我們現在討論文藝工作，也應該這樣做。

現在的事實是什麼呢？事實就是：中國的已經打了五年的抗日戰爭；全世界的反法西斯戰爭；中國大地主大資產階級的抗日而又動搖，無產階級的堅決和徹底；五四以來的新文化運動，它在二十三年中對於革命的偉大貢獻以及它的許多缺點；八路軍新四軍的抗日民主根據地，在這些根據地內聚集著大批的文藝工作者；目前世界和中國的大後方的文藝工作者和他們所依據的區域；——這些就是實際存在的不可否認的事實，我們要在這些事實的基礎上考慮我們的問題。

7

那麼，什麼是我們的問題的中心呢？我以為，我們的問題基本上是一個為群眾的問題和一個如何為群眾的問題。不解決這兩個問題，或這兩個問題解決得不好，我們的文藝工作者就會和自己的環境任務不協調，就要碰到外部和內部的一連串的問題。我的結論，就以這兩個問題為中心，同時也涉及一些與此有關係的其他問題。

（一）

第一個問題，我們的文藝是為什麼人的？

這個問題，本來是馬克思主義者已經解決了的問題。但是很多同志對這個問題並沒有得到明確的解決。因此，在他們的情緒上，在他們的作品中，和在他們的行動上，和實際鬥爭的需要不相符合的意見，現在和共產黨，八路軍，新四軍在一起從事於各種革命工作的大批的文化人、文學家、藝術家，以及一般文藝工作者，雖然其中也可能有些是背著革命的招牌的投機分子，但除了這些人以外，大批的是在為共同事業努力工作著，依靠這些同志，我們的整個文學工作，美術工作，戲劇工作，音樂工作，電影工作都有了很大的成績。這些文藝工作者的好細份子，許多都是在抗戰以後才從事於文藝的工作，經過這許多年艱苦的工作，做過許多各種各樣有益於人民的工作，把自己的工作和群眾結合起來。但是這些同志也有對於文藝為什麼人的問題搞不明白的呢？體驗他們還主張革命文藝即使這

毕庶山绘制的自动油印机草图

1941年
烟台市博物馆藏

　　1941年毕庶山绘制的自动油印机草图。毕庶山，字锤岳，笔名仙峰、雨峰，1923年生于威海大水泊镇庙西村。1939年10月加入中国共产党，1940年3月入伍。革命年代主要从事文艺创作工作。

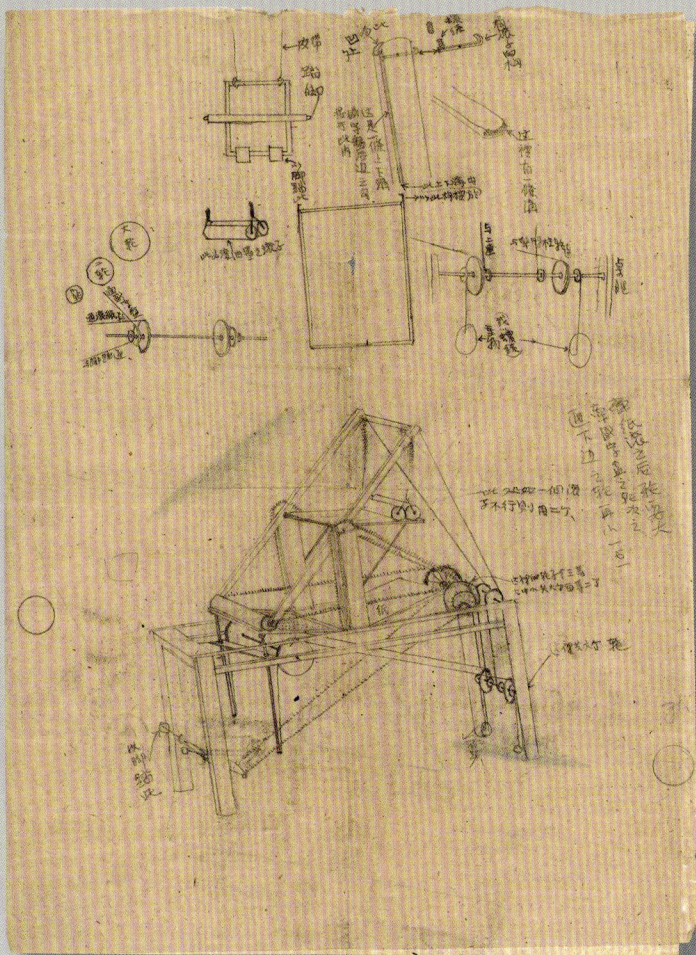

冯毅之

1908—2002

山东青州（原益都县）人。1929 年在济南高中就读时，得到班主任胡也频和楚图南等进步教师的教导，接触马克思主义，加入中国左翼作家联盟（简称左联），因遭国民党当局缉捕，被迫同胡也频、丁玲逃到上海，进入左联、社联举办的暑期学习班，聆听到冯雪峰、鲁迅、茅盾、潘汉年等人授课，对革命文艺理论有了更深的了解。1930 年 10 月在北平加入中国共产党，任北平左联组织部部长，并写出《洋车夫日记》《日月星》《母与子》《西瓜》及诗集《寒夜行》等作品。

1937 年抗日战争全面爆发后，回到家乡组建抗日武装。同年 11 月任中共益都县整理工作委员会宣传部部长。1939 年后，历任益都县县长，中共益都县委委员，八路军山东纵队第四支队新编第一营营长，益都县大队大队长，益都临朐淄川博山四县联合办事处主任等职务。1942 年任益（都）临（朐）淄（川）博（山）四县联合办事处主任，在淄河流域坚持领导抗日斗争。同年在马鞍山反"扫荡"战斗中，冯毅之的父亲冯旭臣、妹妹冯文秀、妻子孙玉兰和三个他的孩子冯新年、冯芦桥、冯平洋与几十名八路军伤员，同敌人进行三昼夜搏斗后，为了不落入敌军之手，全家人相扶跳崖共赴国难。鲁中参议会与行政公署赠予冯家"一门忠烈"牌匾。

冯毅之强抑悲愤，写出激动人心的诗篇，出版了《抗战日记》和《怒火与烈火》诗集。为纪念亲人，冯毅之创作了《我的家人》《我的孩子》这两首诗歌，悲痛之情浸透纸背却又字字尖刀，体现着对侵略者的仇恨和将其消灭的决心。

解放战争时期，冯毅之先后任青州市市长、鲁中文协主任。1949 年后历任中共山东省委宣传部文艺处处长，山东省文化局局长兼党委书记。曾写下十多万字的日记和 60 多篇诗作，编入《阳春勿忘三九天》文集。1979 年后任山东省艺术学院党委副书记、院长、党委书记。2002 年 7 月 16 日病逝于济南。

冯毅之的日记手稿

1962年8月
青州市博物馆藏

冯毅之1962年8月重新记录的日记，其中撰写了《我的家人》《我的孩子》两首诗歌。这两首诗首次创作于1942年11月马鞍山保卫战之后。

1962年 8月 18日（星期6）

11月12日

有时我很悔恨，悔恨自己不该把家人送到山上。更悔恨最后不应该不把他们接下山来。他们若住在村里同老百姓住在一齐，由老百姓照顾和掩护也许不至于被牵就是被杀也不至于全部。

我如此悔恨之悲痛，除了使自己的身体和精神受损伤把事情弄得更坏，使敌人高兴外，不会有其他任何补益。这道理我已经了解许多年了（但是理制）总是左面不了感情，不能悲痛沉痛，但心里总是象铅一样沉重。眼泪象泉水一样象泪泉，尤其是夜里更不好过，天气冷又睡不着，不断意想的浮现在脑海，反而好排挤出去。我只好用文字治蔡写诗。

（一）我的家人

寒风凛冽，杯水结冰，
石屋内丝香晴泼油灯，
我无法压抑的悲痛心情，
象海潮一样波洋汹涌。

我披衣村外步行，

19 年 月 日（星期 ）

山野夜色分外凄冷，
我独欣荒茫的夜空，
浮云掩没了银河繁星。

我不信人死后会有灵魂，
家人的血影总是紧紧绕我的心，
吃饭的重复工作行军，
耳中总是响着悲诉的声音。

女亲鬓发白发妹妹妙龄青春，
爱人善良温顺孩子们发天真，
在隔壁是堆□松枸枝下，
粉身碎骨，碧血淋淋！

那情景那悲壮，
我不敢想又无法不想，
我不愿流下眼泪，
泪又涌满心头。（眼眶）

革命历史是以血写成，

19 年 月 日（星期 ）

悲痛眼泪只使敌人高兴，
我回到房中合上眼睛，
四处已传来揪心的鸡鸣。

（二）我的孩子

我的好孩子，闭宴目吧，
再不要把我的心念，
不要哭口豪也不要微笑，
爸々的被掳已逞去了。

残暴的日寇正猖狂，
血债还由血来偿，
像是战斗的枪栓，
爸爸需要力量健康！

你们渴望成长死不足考，
千万被茶害者和你们有何两样？
更不要埋怨爸々送到你们山上，
在战争年代哪有安全地方？

19 年 月 日（星期 ）

我的好孩子腔圆吧！
爸爸要紧握枪和笔，
笔写下这血海保仇，
枪弹使敌人血汽！

我从来没有感觉到写诗这么容易，过去提笔写诗，苦思寻句难得很，这两首诗却不到一个钟头就成了。过去写诗是笔寻感情，今次写诗却是感情促笔，开觉笔来太慢了。我控制不住感情，每写一句就滴下几滴眼泪，像泪眼泪如雨把纸湿得七左墨也弥糊糊，眼也看不清了。
但是写完之后真悬吃了一付清凉剂似的觉得悬想开朗感情桂格痛苦减少多了。

胶东武委会编印《民兵歌集》

1944年11月
地雷战纪念馆藏

1944年11月胶东武委会为活跃民兵文娱生活，帮助推动民兵整训工作编印了《民兵歌集》。

全书共收录17首歌曲，分别为《民兵整训歌》《民兵威武旗飘扬》《快乐的八路军》《拥护我们的主力军》《打到敌人心脏去》《快乐的民兵》《爆炸战歌》《民兵战》《保家乡》《爆炸战之歌》《出发参战胜利回家》《民兵纪律歌》《新文字运动歌》《民兵进行曲》《地雷阵》《王大汉》《小姑娘要婆婆》。

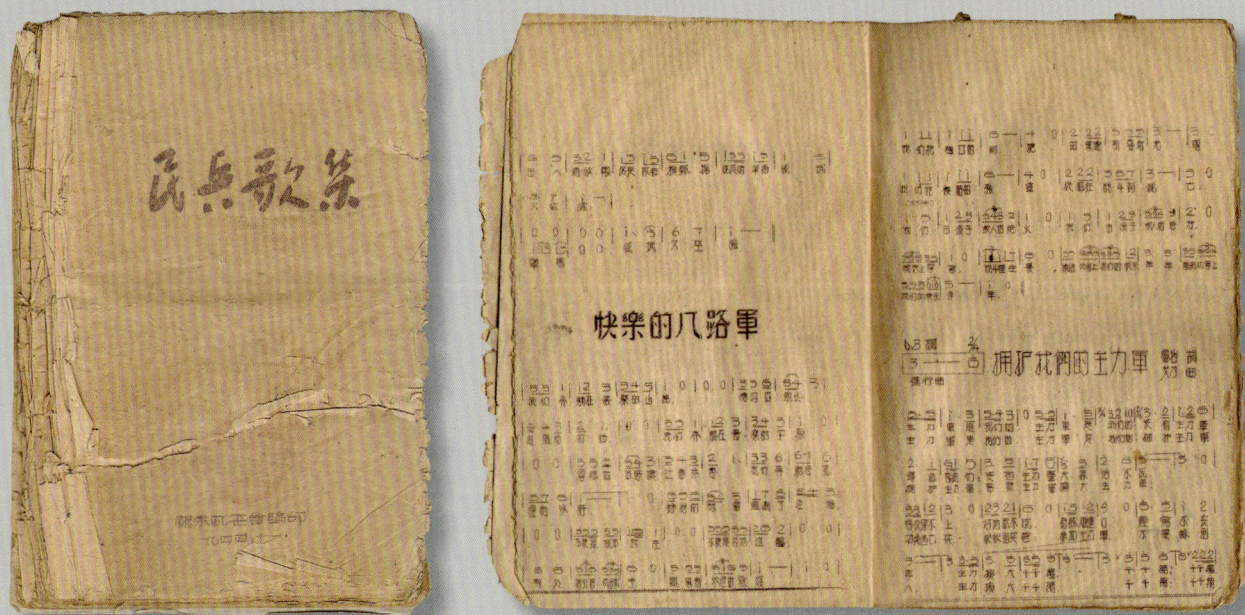

海阳县组织雄狮剧团宣传抗日使用的大鼓

抗日战争时期
地雷战纪念馆藏

　　木质鼓身，附带两只鼓槌。此鼓是抗战时期海阳县组织雄狮剧团宣传抗日使用的乐器。

　　卢沟桥事变以后，海阳形势和全国一样，军民之抗日救国情绪十分高涨。为了号召广大人民群众抗日救国，合力打倒日本侵略者，海阳地区根据地利用多种艺术形式，通过群众喜闻乐见的艺术形式，宣传抗日，鼓舞民众抗日救国。1937年，海阳县组建雄狮剧团巡回演出，宣传抗日，印发传单，鼓励人民精诚团结，抗日救国，并提出"一寸河山一寸血，百万青年百万军"的口号，激励广大青年从戎杀敌，捍卫祖国。

赵树理

1906—1970

原名赵树礼，山西省沁水县尉迟村人，现代小说家、人民艺术家，山药蛋派创始人。他的小说多以华北农村为背景，反映农村社会的变迁和存在其间的矛盾斗争，塑造农村各式人物的形象，开创的文学"山药蛋派"，成为新中国文学史上最重要、最有影响的文学流派之一。曾任《曲艺》《人民文学》编委，中国共产党第八次代表大会代表，全国人民代表大会第一、二、三届代表。

赵树理著、胶东新华书店翻印《李有才板话》

1944年
山东博物馆藏

《李有才板话》，赵树理著，新华书店1943年12月出版，胶东新华书店1944年翻印。小说以20世纪40年代初的根据地为背景，描写阎家山农民与地主阎恒元在改造村政权和减租减息中的复杂斗争，反映了全面抗战时期敌后根据地农民的实际状况和真实心声。小说不仅写活了减租减息的土地政策，而且深刻阐释了农村革命干部只有坚持群众路线，依靠群众发动群众，让党的正确路线、政策与广大农民真正结合在一起，才能解放农民，团结更多革命力量。

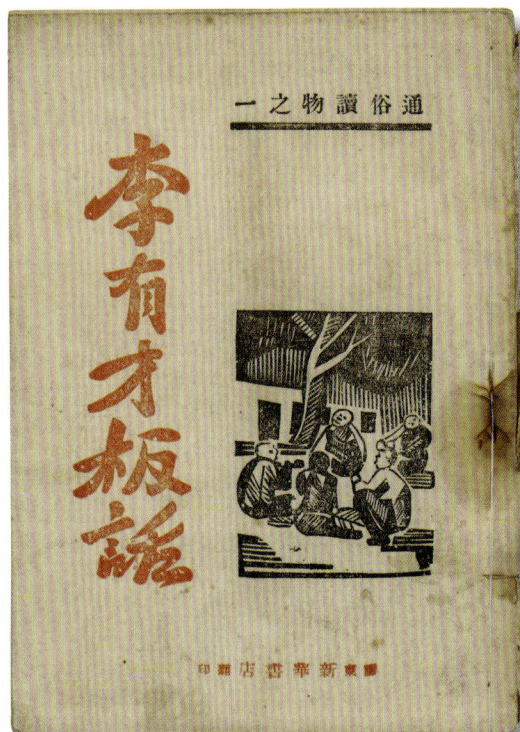

曾任中共中央北方局宣传部部长等职务的李大章评论《李有才板话》:"它以短短三万来字的篇幅,简约地写出了根据地的乡村生活——主要是政治生活的横断面,反映出这个新社会的某一阶级的生活特点。"因此,该书甫一问世,就成为解放区文艺的代表之作,在后来的整风学习以及更大范围的减租减息、土地改革中,《李有才板话》成了干部必读的参考材料。

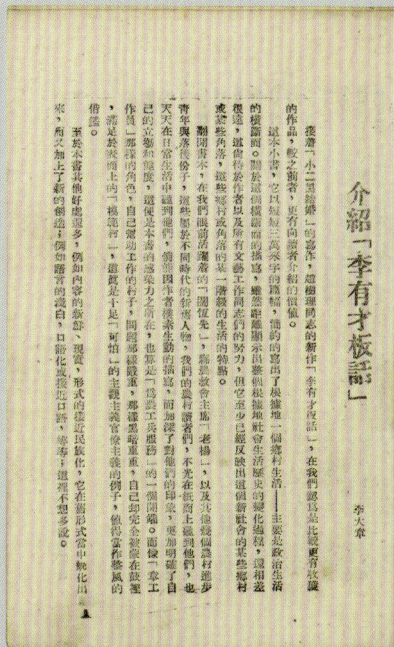

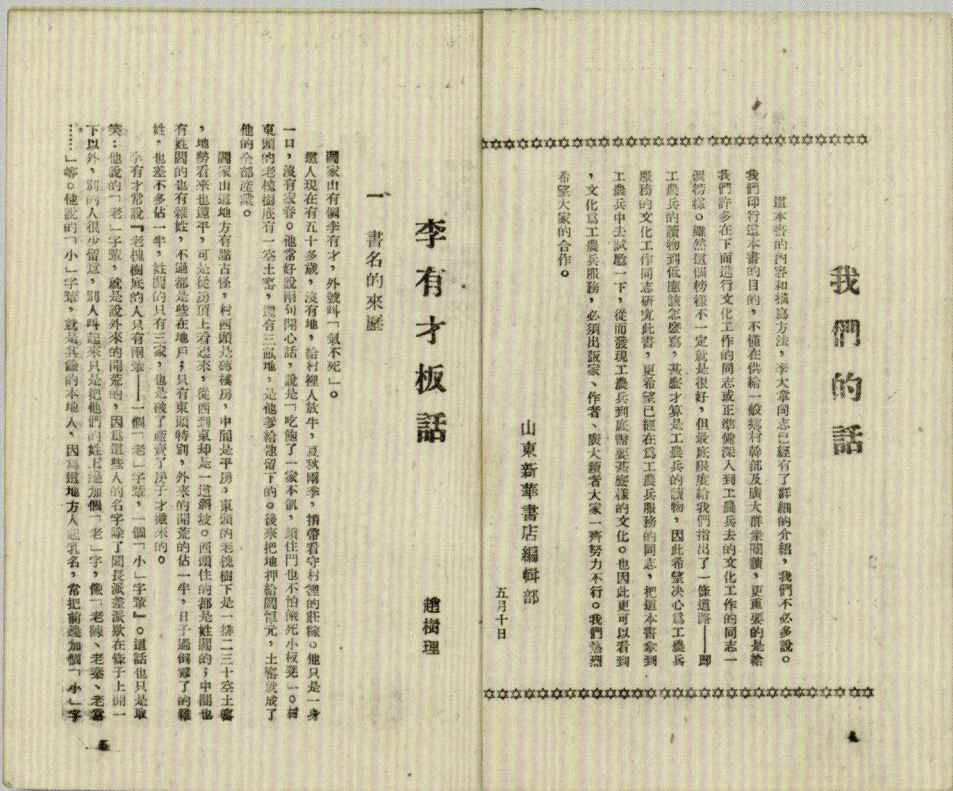

介绍「李有才板话」

李大章

我們的話

李有才板話

趙樹理

一　書名的來歷

山東新華書店編輯部
五月十日

🚩

海涛期刊社出版《海涛》（创刊号）

1938年
山东省图书馆藏

胶东革命根据地在党的领导下，在战火纷飞的艰苦环境中培养了一支期刊编辑队伍，办起了大量刊物。1938年，活动在掖县（今莱州市）的胶东抗日游击第三支队，为发动群众，宣传抗战，在罗竹风、李佐长、张加洛、马少波、孟继文等人的倡议下，10月成立了海涛期刊社，第三支队司令员郑耀南兼任社长，12月15日创办了《海涛》半月刊。这是胶东革命根据地最早的文艺刊物，也是山东第一个由中共党组织主办的文艺刊物。

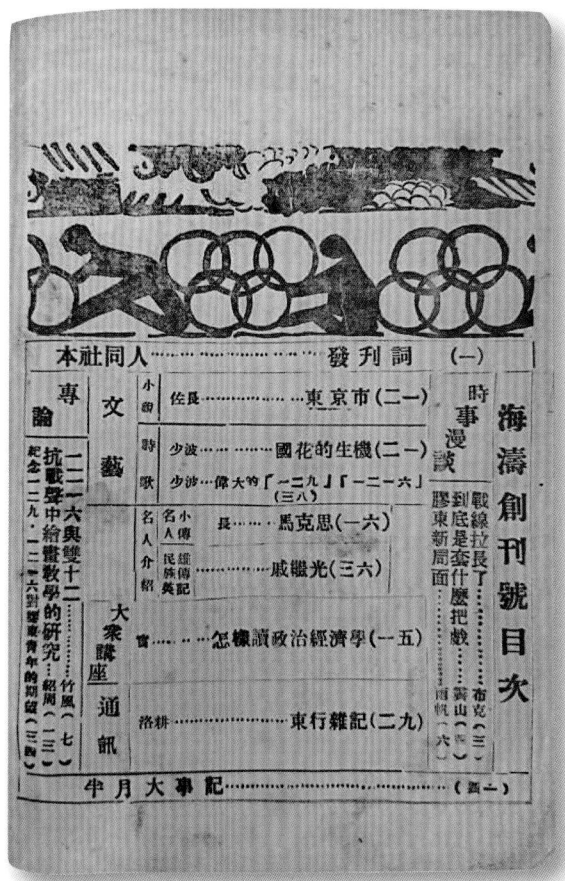

《海涛》由罗竹风、李佐长任主编。主要撰稿人有张加洛、孙梯清、虞棘、张东林、孟继文等，大家一起动手写文章，轮流汇总，稍加编辑，即付印出版。

《海涛》以宣传抗日、普及革命理论、传播新知识为宗旨。刊登的文章形式多样，有文艺评论、小说、散文、诗歌、通讯等。栏目有"战事漫谈""专论""文艺""名人介绍""大众讲座""通讯""半月大事记"等。创刊号上有罗竹风的五篇文章，分别是《海涛发刊词》《战线拉长了》《到底是套什么把戏》《一二、一六和双十二》和《东行杂记》，有马少波的两篇文章，分别是《国花的生机》和《伟大的"一二九""一二一六"》。报告文学《从征拾零》从第2期开始连载。

《海涛》是胶东地区最早的抗战期刊，它公开发行，掖县、蓬莱、黄县（今龙口）各大书局经售。创刊号出版后，在小学教师和知识分子当中反响很好，但可惜的是，《海涛》仅出版了三期，1939年1月就因部队撤离掖县，失去印刷条件而停刊。

第四章

蓄势反攻
伟大胜利

在世界反法西斯战争胜利发展的形势下，中国人民进入对日全面反攻阶段。1945年8月15日，日本宣布无条件投降。正当解放区战场军民向日、伪军展开大规模反攻之际，面对抗日形势的胜利发展，国民党山东省政府返回省内、抢夺战略要地和胜利果实。山东解放区八路军进行一系列大反攻作战，获得了巨大胜利，沉重地打击了国民党的阴谋。

在广大的新解放区内，山东省政府建立了人民政权，颁布了政府法令，建立了革命秩序，使新解放区迅速得到了巩固。抗日战争中，山东共产党组织领导广大军民，浴血奋战，为民族独立和革命事业的发展作出了巨大贡献。

🚩

渤海日报社印
《第二战场的开辟与中国抗战》

1944年
山东博物馆藏

　　1944年渤海日报社和胶东联合社印发的文集，均是翻印《第二战场开辟与中国抗战》，内容与二战第二战场的开辟相关。原文《第二战场开辟与中国抗战》是一篇解放日报社社论，分析了第二次世界大战各个战争阶段的发展态势，指出欧洲第二战场的开辟是战争的新转折点，也是德国从防御到灭亡、盟国从反攻到最后胜利的阶段，更是此次反法西斯战争中的决定性阶段。

　　文集中的刊文均来自当时国内外各大报社发表的关于二战第二战场开辟的报道、社论和军事评论等。如大众日报社社论《扩大第二战场开辟的宣传》、新华社伦敦电《第二战场开辟了！》、真理报访谈《斯大林同志谈盟军登陆的意义》、路透社记者通讯《盟军登陆初记》、解放日报社社论《第二战场开辟与中国抗战》等，从中可以了解第二次世界大战的发展历程。

胶东联合社出版
《第二战场开辟与中国抗战》

1944年
山东博物馆藏

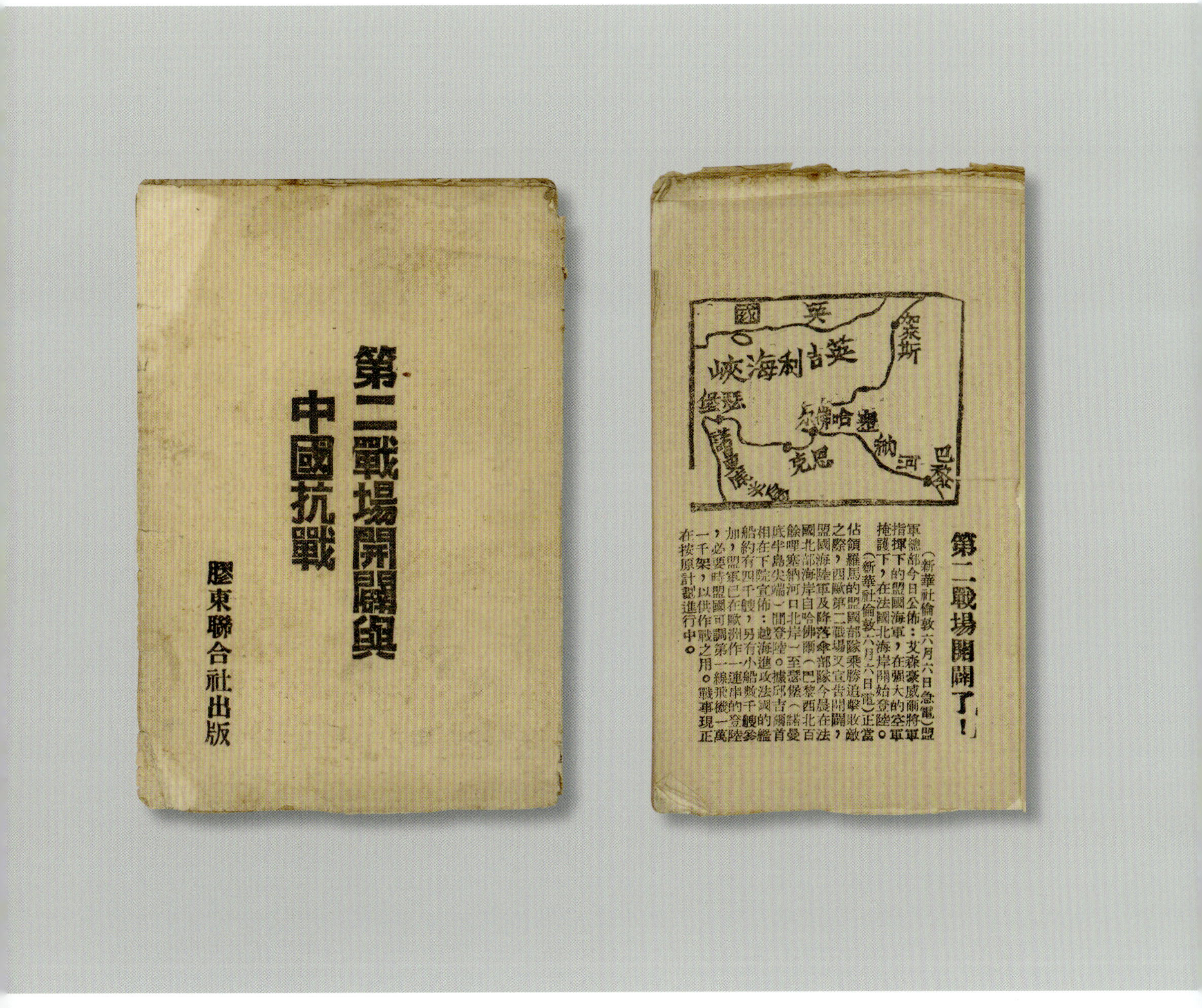

八路军胶东军区政治部印发的
瓦解伪军宣传单

1945年
山东博物馆藏

抗日战争时期，八路军非常重视美术宣传工作，除了动员人民抗战外，还专门针对伪军创作了大批反战宣传画，配上文字制成宣传单向敌人散发。这些宣传单内容丰富、形式多样，极富感染力，印制时间在德国法西斯投降、苏联联合中国对日反攻、世界反法西斯战争即将取得胜利的时候，既宣传了共产党的政策，又向日、伪军阐明利害关系，瓦解伪军，在当时是进行心理战的重要形式。

国民革命军第十八集团军山东军区
司令部政治部布告第十号电报稿底

1945年
山东博物馆藏

电报稿底内容为国民革命军第十八集团军对于处理伪军、伪警的办法条例。规定对于伪军、伪警在日本投降前能主动反正及将功折罪者，予以宽大处理；同日本同时投降者一律以俘虏条例处理；凡抗拒不降者则坚决消灭，并以汉奸论罪等内容。

抗日战争时期，日、伪、顽相互勾结，给边区人民生命财产安全和根据地建设事业带来了严重危害。为了巩固革命政权、打击各种敌对分子和敌对势力，山东抗日根据地根据党中央的指示颁布了一系列法律、法规，建立各级司法机关等。这些举措不仅保障了革命政权的稳定、保障了根据地人民正常生产生活，而且为党更有效地组织各界力量进行抗日战争奠定了坚实基础。

锄奸立法方面，山东抗日根据地于1943年颁布了《山东省战时除奸条例》《山东省战时除奸纪律》，1945年颁布了《山东省战时行政委员会、山东军区关于特务汉奸之处理办法的联合决定》《山东省惩治战争罪犯及汉奸暂行条例》《山东军区处理伪军伪警条例》等。

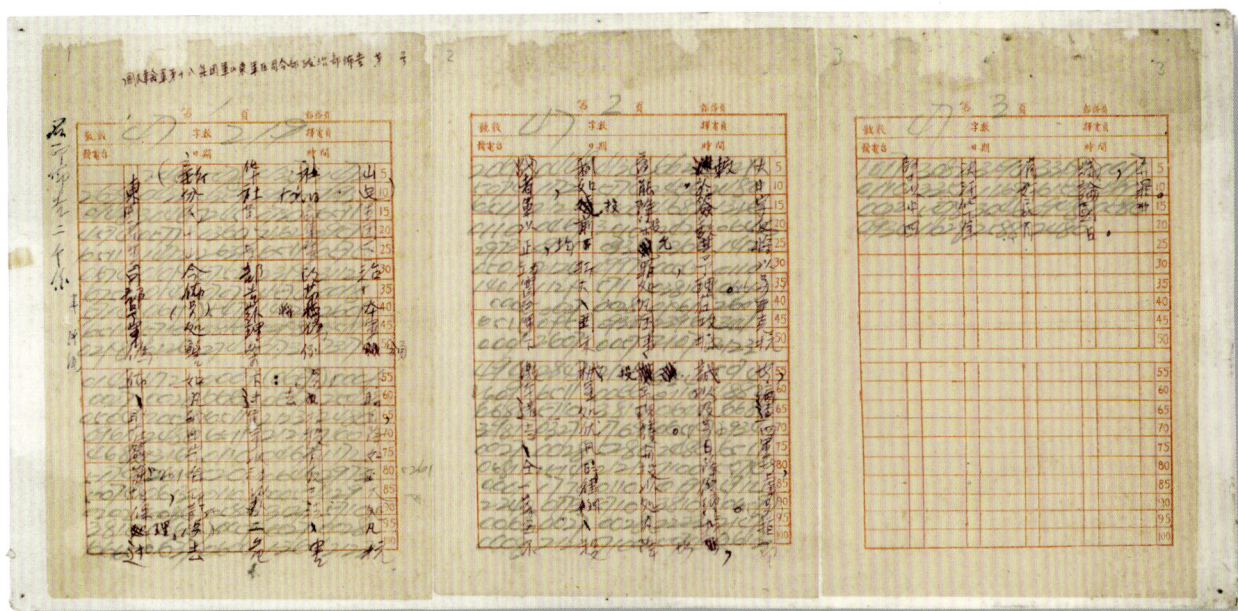

胶东公安局、胶东军区政治部锄奸科
翻印《正确的展开锄奸反特务斗争》

1944年
烟台市博物馆藏

　　1944年5月，《党的生活》第67期发表《正确的展开锄奸反特务斗争》等文章，指出在斗争中必须贯彻执行从实际出发，采取宽大政策与争取失足者的正确方针。1944年7月20日，胶东公安局、胶东军区政治部锄奸科进行了翻印。封面书名下部印有"绝密"字样，是内部的学习材料。各地通过组织学习，发动群众，开展锄奸反特斗争，同时组织锄奸小分队，深入日、伪据点及周围村庄，锄奸反特，张贴布告，打击汉奸特务的破坏活动，巩固和扩大了抗日根据地。

1943年拔除惯匪朱信斋据点时激战的情形

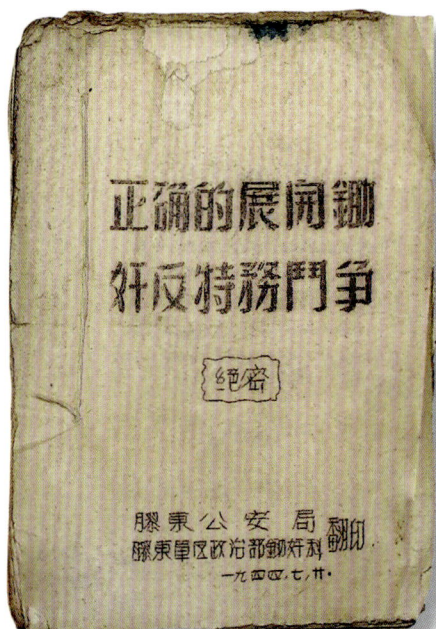

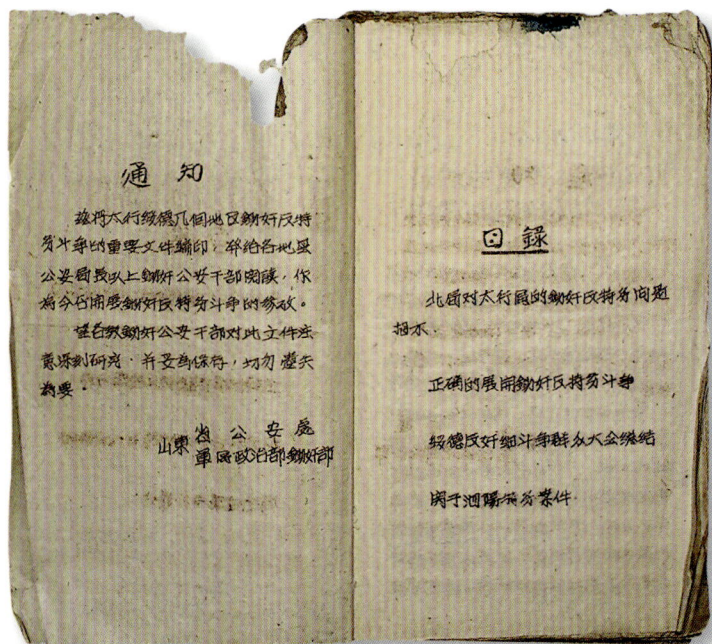

山东省政府决定
（总字第十七号）

1945年9月2日
沂源博物馆藏

　　刻版双面印刷。1945年，山东省政府发出关于争取逃亡地主和失节附敌分子的决定，指出凡过去自解放区逃到敌占区潜居的地主，或帮助敌人破坏抗日的逃亡地主，或原抗日人士被俘后失节附敌者，除罪大恶极者外，现在迁回解放区，遵守民主政府法令，改过自新者，均予以法律保护，或宽大处理；逃亡地主继续向未解放区逃跑者不以法律保护；逃亡地主进行破坏活动者，依惩治汉奸条例从严处置。文件落款为主席黎玉，加盖山东省政府印。

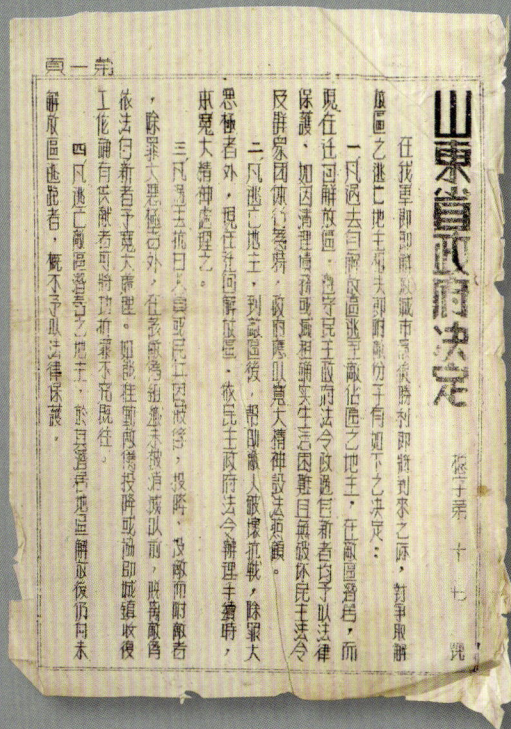

冀鲁豫行署第八专署颁发给樊依民的
抗战八周年纪念章

1945年
冀鲁豫边区革命纪念馆藏

　　冀鲁豫行署第八专署颁发给樊依民的抗战八周年纪念章，铜质。冀鲁豫军区建立之后，1941年1月15日，冀鲁豫军政民各界代表300余人在内黄县张固村召开会议，成立了冀鲁豫边区行政公署，选举晁哲甫为主任。

149

山东军区政治部宣传部编、山东新华书店出版《葛庄歼灭战》

1944年
山东博物馆藏

　　《葛庄歼灭战》以文艺笔法描述了葛庄歼灭战的战斗经过，是经过文学创作的战士读物。1944年由山东军区政治部宣传部编、山东新华书店出版。

　　1944年8月中旬，鲁中八路军收复沂水城后，日军欲行报复。9月3日上午，日军草野清大队450余人及伪军陈三坎旅1200余人反扑。经过几天激战，到6日，敌伪大部被歼，伪旅长陈三坎被击毙。这次伏击战，共歼日、伪军1600余人。缴获大批枪支弹药和其他辎重。葛庄伏击战是鲁中八路军第一次在运动中基本歼灭日军一个大队，也是山东八路军部队继1939年梁山战役中歼灭日军一个大队后的又一模范战例。葛庄歼灭战后，沂水县北部许多日、伪据点的敌人迫于八路军声威，仓皇撤离，驻莒县日军也大部调离。

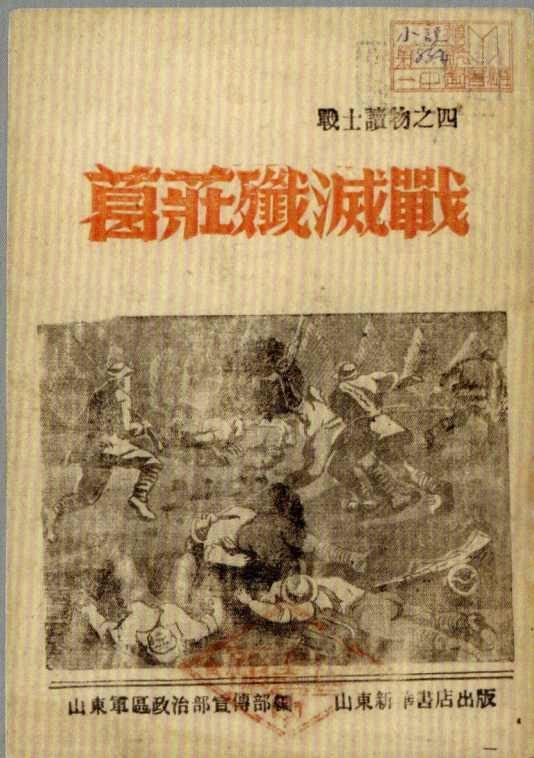

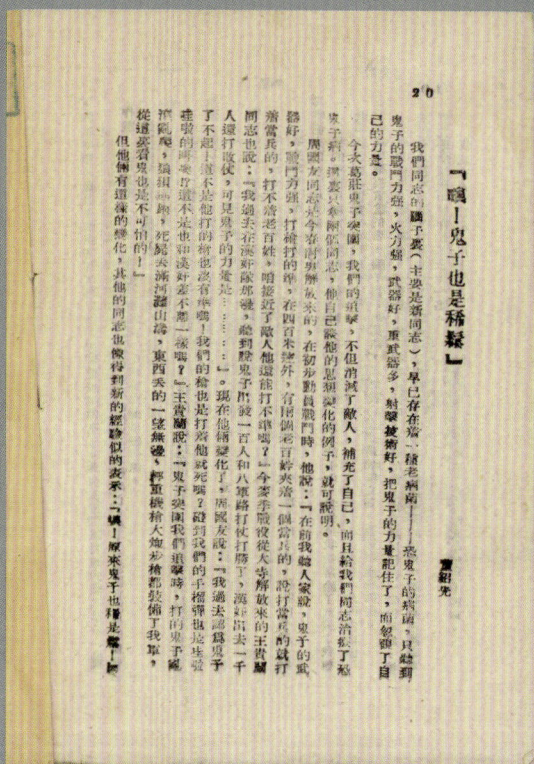

1944年山东沂水葛庄战役时遗留的防毒面具（残件，山东博物馆藏），上有"强华，CHICO"字样。

渤海日报社通讯室印
《鲁中讨吴战役军事宣传特辑》

1944年
山东博物馆藏

八路军讨伐伪军吴化文战斗的军事宣传材料辑刊，1944年7月印，内容包括编前话、评讨吴战役的报道、消息、通讯等。

山东战场的攻势作战始于1944年春第三次讨伐伪军吴化文战役。吴化文原是韩复榘第三集团军的手枪旅旅长。之后吴部被编为鲁苏战区新编第四师。1943年1月，吴率部投敌，被编为伪和平救国军山东方面军，吴任上将总司令，为山东伪军主力，占据鲁山山区，分布在鲁村、南麻、悦庄及其周围2000多平方千米的区域内。吴化文投敌后，

八路军先后发动过三次讨吴战役。1944年3月中下旬，第三次讨吴战役共毙伤俘敌7000余人，解放村镇千余个，人口30余万。从此，八路军控制了战略要地鲁山山区大部，打通了沂、鲁、泰、蒙各山区的联系。延安《解放日报》为此发表社论，祝贺鲁中讨吴战役的胜利，指出"这次战役不但对于山东的抗日根据地很重要，而且是敌后战场上我八路军、新四军配合正面战场作战行动的一部分""吴逆大部歼灭后，我鲁中各抗日根据地的形势就大大改善了"。

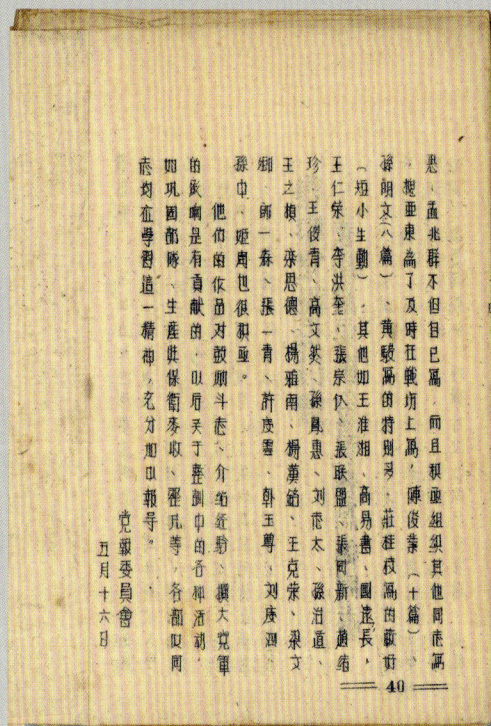

张希贤

1904—1961

原名张则昔。山东诸城人。1922年考入济南正谊中学。1926年加入国民党。曾任国民党诸城三区区长兼常备队队长、国民党团长、旅长等职。1942年9月投降日军，任皇协军第一支队司令等职。1943年6月后，经八路军山东军区滨北办事处多番动员，张希贤于1945年1月率千余名官兵起义。起义队伍被编为八路军山东军区独立第三旅，张希贤受任旅长。该部在泊里战役和二次解放诸城的战斗中作出了贡献。

滨海军区司令部《告山东军区独立第三旅"张希贤部"全体官兵书》

1945年
青岛市博物馆藏

1945年1月滨海军区司令部发布《告山东军区独立第三旅"张希贤部"全体官兵书》，欢迎张希贤部反正起义，并根据对反正伪军的三大保证——不缴枪、不编散、赐以抗日军番号，以八路军官兵的同等待遇对待张希贤部。

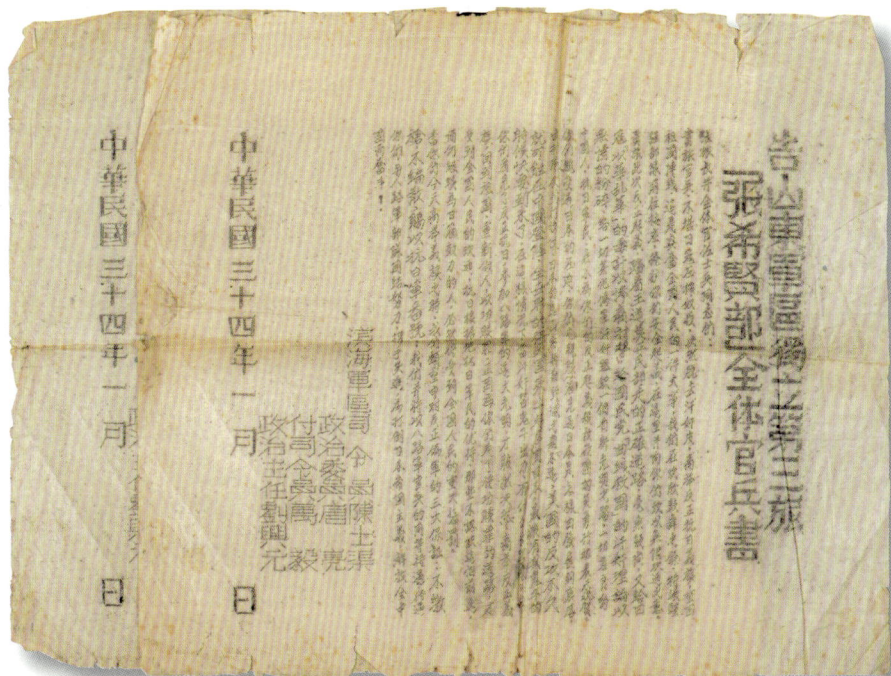

1944年1月，山东诸城枳沟村的伪保安大队张希贤率部1300人起义。张部被改编为八路军山东军区独立第三旅。

滨海部队首长向张希贤旅长颁发委任令

南乐战役作战命令

1945年
冀鲁豫边区革命纪念馆藏

　　南乐战役作战命令手稿。南乐战役是中国人民抗日战争后期，由冀鲁豫八路军在河北南乐对日、伪军进行的攻势作战。南乐战役的胜利与正确的作战命令是分不开的，该战役采取了正规军、地方武装和民兵相结合，分打弱敌与聚歼强敌相结合，火力队、爆破队和突击队相结合，军队作战与民众支前相结合的作战策略，为革命战争积累了宝贵经验，丰富了人民军队的军事思想、军事理论。

山东军区政治部宣传部编、山东新华书店出版《滨蒲战役》

1945年
山东博物馆藏

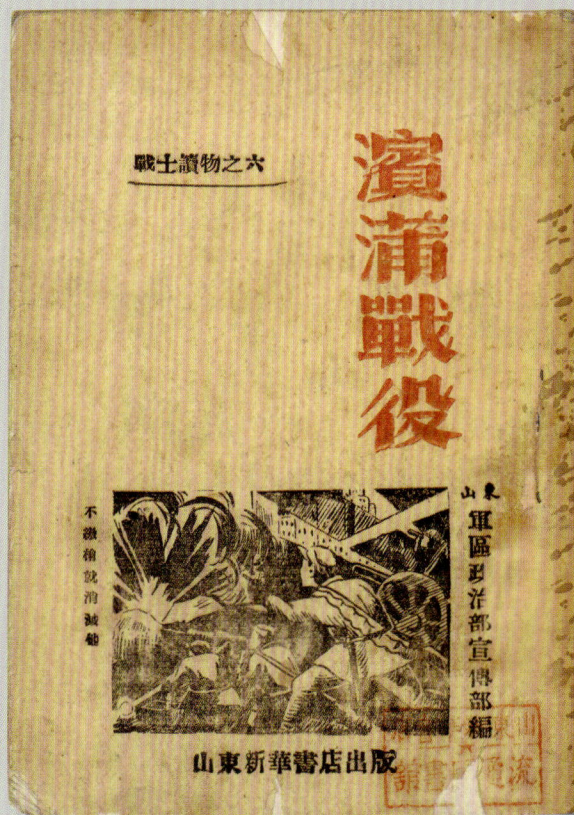

山东军区政治部宣传部编，山东新华书店出版。1945年，敌后各抗日根据地军民不断发起攻势作战，抗日战争捷报频传。5月，为巩固和扩大抗日根据地，保卫麦收，渤海区党委、军区准备对蒲台、滨县日、伪军进行一次大打击。6月上旬，渤海区党委、军区，集中军区主力以及博兴、蒲台的地方武装共4000余兵力，在杨国夫司令员、景晓村政委等的指挥下，发起了以解放蒲台、滨县为主要目标的蒲滨战役。

整个战役，自6月10日至7月1日，历时22天，我军解放蒲台、滨县两座县城和600多个村镇，拔除敌人据点24个，毙伤、俘虏及反正伪军2900余人，缴获长短枪1500余支，机枪23挺，大炮22门，汽车11辆，战马40匹，粮食21万公斤，伪币百万元。这一战役使渤海军区的四分区、五分区、六分区根据地连成一片，为全部肃清渤海区敌伪残余、全面解放渤海平原创造了有利条件。参战部队受到山东军分区通令嘉奖。

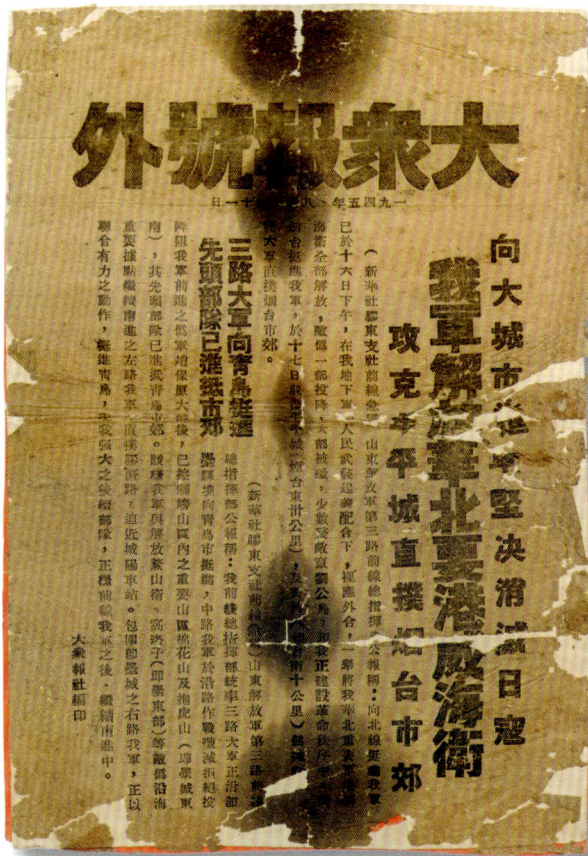

中共胶东特委（后改中共胶东区党委）机关报《大众报》之《大众报号外——向大城市进军坚决消灭日寇 我军解放华北要港威海卫 攻克牟平城直扑烟台市郊》

1945年8月21日
烟台市牟平区博物馆藏

《大众报》原为中共胶东特委（后改中共胶东区党委）的机关报，1938年8月创刊，主要在胶东发行。1948年12月改称《胶东日报》，1950年4月停刊。1945年大众报社编印《大众报号外——向大城市进军坚决消灭日寇 我军解放华北要港威海卫 攻克牟平城直扑烟台市郊》，铅印。正文为自右向左竖排，内容分两部分，主要部分标题为"向大城市进军坚决消灭日寇 我军解放华北要港威海卫 攻克牟平城直扑烟台市郊"，另一部分双行小标题为"三路大军向青岛挺进 先头部队已进抵市郊"；左下角为落款"大众报社编印"。1975年原

牟平县文化馆交换入藏。

1945年8月15日，日本宣布无条件投降，抗战胜利。但蒋介石却企图独吞抗战胜利果实，在日本投降的前5天，就电令八路军"原地待命"。8月10日至11日，朱德总司令连续发布对日展开全面反攻等7道命令，命令人民军队迅速前进，收缴敌伪武器，接受日军投降。当时，胶东半岛大部已完全成为我解放区，仅青岛、烟台、威海等城市和牟平等县城还被日军占领。根据朱德总司令命令，我胶东人民配合主力部队，对日、伪军展开了全面进攻。

中共胶东特委（后改中共胶东区党委）
机关报《大众报》之《大众报号外——
继我解放威海卫之后我军又克石岛龙口》

1945年8月22日
山东博物馆藏

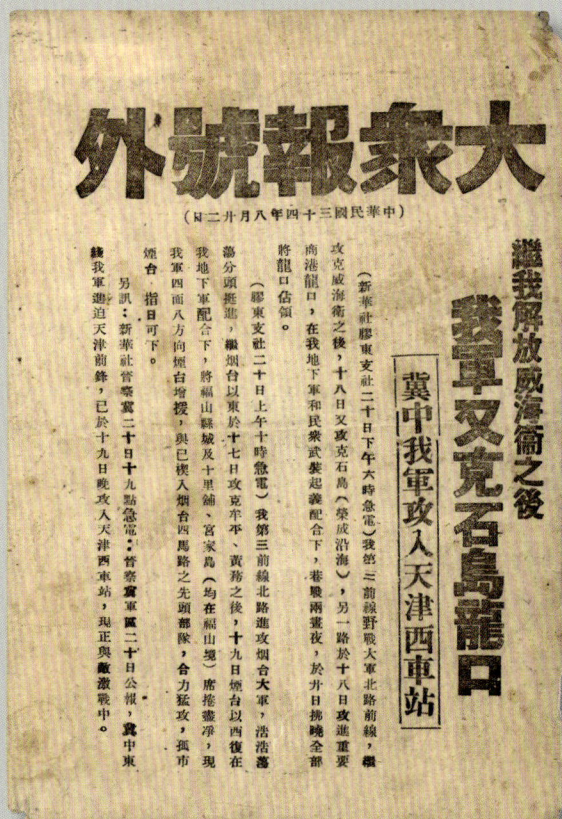

《大众报号外》，胶东《大众报》1945年8月22日编印出版，黑色铅印。正文为自右向左竖排，标题是"继我解放威海卫之后我军又克石岛龙口"，副标题是"冀中我军攻入天津西车站"。

内容包括三条电文。一是"（新华社胶东支社二十日下午六时急电）我第三前线野战大军北路前线，继攻克威海卫之后，十八日又攻克石岛（荣成沿海），另一路于十八日攻进重要商港龙口……"二是"（胶东支社二十日上午十时急电）我第三前线北路进攻烟台大军……继烟台以东于十七日攻克牟平、黄务之后……将福山县城及十里铺、宫家岛

（均在福山境）席卷尽净，现我军四面八方向烟台增援，与已楔入烟台四马路之先头部队，合力猛攻，孤市烟台，指日可下。"三是"新华社晋察冀二十日十九点急电：……冀中东线我军进迫天津前锋，已于十九日晚攻入天津西车站，现正与敌激战中。"

《大众报》原为中共胶东特委（后改中共胶东区党委）的机关报，1938年8月在黄县创刊。主要在胶东发行，发行量达三万余份。1948年12月改称《胶东日报》，1950年4月停刊。

田纪云及夫人李英华荣获的
华北解放纪念章

1950年
冀鲁豫边区革命纪念馆藏

　　华北解放纪念章，铜质。章面图为嘉禾图案簇围着一名英姿飒爽的解放军战士，持枪守卫着万里长城。奖章上部为八一军旗，奖章下方铭刻"华北解放纪念"六字。奖章另一部分由红底黄杠的绶带组成，奖章背面刻有"1950"字样。中华人民共和国成立后，华北人民政府和华北军区为表彰解放华北区参战人员，经报请中央人民军事委员会批准，决定颁发华北解放纪念章。

🚩

于得水、于渊给抗日军人家属的
春节慰问信

1945年
山东博物馆藏

拥军优属，是党和国家、中国人民的优良传统。无论战争年代，还是建设时期，党和国家都高度重视优待军人家属。山东博物馆藏抗日战争时期由时任东海行政专员公署专员的于得水和任副专员的于渊发给抗日烈属的新春慰问信。

敬爱的抗日军人家属同胞们：

你们的父兄子弟丈夫为了民族的解放，为了大众的利益，参加八路军，几年来，驰骋疆场。英勇杀敌，粉碎敌伪无数次的扫荡，拔除大批的敌伪据点，从敌人铁蹄下，夺回了大片国土，解救了千百万同胞，使我抗日民主根据地一天天的扩大和巩固，根据地内人民的生活一天天的富裕和安乐，这些丰功伟绩，人民永远不能忘记，而且即将到来的祖国总反攻，也只有依靠八路军，必须依靠八路军才能胜利。八路军是人民的救星，是人民所最拥护爱戴的，你们有着这样的父兄子弟丈夫，你也是无上的光荣的，是人民所崇敬与爱戴的。

当然，由于你们的父兄子弟丈夫的参军，你们在生活上或者会增加一些困难，解决你的这些困难问题，好好地照顾你们，本来是政府和人民的光荣任务。不过直到今天，检讨起来，我们做得还不太够。由于政府工作的忙乱，和干部的不健全，因而有些干部对抗属的生活不大关心，没有经常的照顾，困难问题未能及时的圆满的给设法解决，尤其没有深入教育和领导人民，把尊敬与爱护抗属，经常自觉的给抗属解决困难问题，形成一个群众自觉的普遍的运动和风气。因此以致有的抗属吃的穿得还不够保暖，住的用的还不够便当，仍在过着艰难的日子。这在我们物质条件上固然有些限制，但主要的还是政府和人民应负责任，这是在政府工作上，急待纠正与改进的。当然另一方面也有少数的抗属，没有体谅到战争期间的困难，没有认识克服困难，支持抗战是大家的事，而消极的坐吃优待粮，不积极的从事生产，这样自觉特殊，脱离群众，也是不对的。

在这接近返攻胜利，普天同庆的一九四五年春节，我除代表全东海区人民及各级政府全体工作人员，向您们致以敬礼和亲切的慰问外，并愿告诉你们今后政府一定下决心整理和改进优待抗属工作，纠正过去的缺点；并领导和教育东海区各级政府人员及全体人民，普遍进行一次良心检查和反省，转变思想和观点，教育批评对抗属漠不关心的人；虚心的听取抗属的意见，尽可能克服一切困难，圆满周到的给抗属解决困难问题，以最大努力把尊敬与爱护抗属，关心照顾抗属生活，解决抗属的困难问题，真正造成一个普遍的自觉的运动和经常工作。另方面也殷切希望所有的抗属，都认识战争期间我们敌后方的苦难，纠正那种坐吃优待粮，单靠政府救济补助的现象，积极的参加生产组织，尽一切努力从事生产，争取当劳动英雄，生产模范，大家努力，克服困难，支持抗战，争取胜利，并且要和抗日军人在前方一样的求进步，给群众作榜样。

敬爱的抗日军人家属同胞们让我们共同努力吧！

专此致

敬礼

于得水　于渊

敬爱的抗日军人家属同胞们：

　　你们的父、兄、子、弟、丈夫为了民族的解放，为了大众的利益，参加了八路军，几年来，驱驰沙场。英勇杀敌，粉碎顽伪无数围攻，收拾大批的敌伪据点，从敌人铁蹄下，夺回了大片国土，解救了千百万同胞，使我抗日民主根据地一天天的扩大繁荣，根据地内人民的生活一天天的富裕和安乐，这些丰功伟绩，人民永远不能忘记，而且即将到来的祖国总反攻，也只有依靠八路军，必须依靠八路军才能胜利。八路军是人民的救星，是人民所敬爱与爱戴的，你们有着这样的父、兄、子、弟、丈夫，你也是无上的光荣的，是人民所尊敬与爱戴的。

　　当然，由于你们的父、兄、子、弟、丈夫的参军，你们在生活上或者会增加一些困难。解决你们的这些困难问题，本来是政府和人民的光荣任务，不过直到今天，检讨起来，我们工作的还太不够。由于政府工作的忙乱，和干部的不健全，因而有些干部对抗属的生活不大关心，尤其没有深入教育和领导人民，没有经常的照顾，困难问题未能及时的圆满的给设法解决，形成一个泰然自觉的运动和风气。因此以致有的抗属吃的穿的还不够饱暖，住的用的还不够便当，这是在政府工作上仍在过着艰难的日子。这在我们物质条件上虽然有些限制，但主要的还是政府和人民没有体谅到战争期间的困难。

　　另一方面也有少数的抗属，不积极的从事生产，而消极的坐吃优待粮，没有认识克服困难，支持抗战是大家的事。

　　在这接近反攻胜利，普天同庆的一九四五年春节，我除代表全东海区人民及各级政府全体工作人员，向你们致以敬礼和亲切的慰问外，并愿告诉你们今后政府一定下决心整理和改进优待抗属工作，纠正过去的缺点。并领导和教育各级政府人员及全体人民，普遍进行一次良心检查和反省，转变思想和观点，教育转醒那些漠不关心的人，顾心的慰取抗属的意见，尽可能克服一切困难，圆满和周到的给抗属解决一切困难问题，以最大努力把敬爱与爱护抗属，关心照顾抗属生活，解决抗属的困难问题，真正办到普遍的自觉的运动和经常工作。另方面也殷切希望所有的抗属，都还要和种种吃优待粮，单靠政府救济补助的现象，积极的参加生产组织，尽一切努力从事生产，争取劳动英雄，生产模范，大家努力，克服困难，支持抗战，学取战争期间我们敬后方的困难，勖勉和抗日军人在前方一样的求进步，给群众作榜样。

　　敬爱的抗日军人家属同胞们让我们共同努力吧！

　　专此敬

　　敬礼

　　　　　　　　年
　　　　　　　　月

　　　于　寿　本
　　　　　期
　　　　　昌

滨海军区贺年卡

抗日战争时期
日照市抗日战争纪念馆藏

　　贺年卡，寄出单位是滨海军区。滨海军区贺年卡一面文字为"恭贺新春　滨海军区　司令陈士榘　副司令万毅　政委唐亮　主任刘兴元　参谋处长胡继成"。另一面文字为"男耕女织齐生产　百姓军队有吃穿　积极准备大反攻　今年就是胜利年"。

　　滨海军区贺年卡没有标明时间，但从署名上分析，这张贺年卡应该是1945年的新春贺卡。从内容上看，贺年卡背面文字"积极准备大反攻"即指1945年的抗战反攻。滨海军区贺年卡的制作，说明经过七年的全面抗战，斗争形势向好，敌后根据地轰轰烈烈地开展大生产运动，努力保障支前。1945年是大反攻的一年，也是争取彻底胜利的一年。

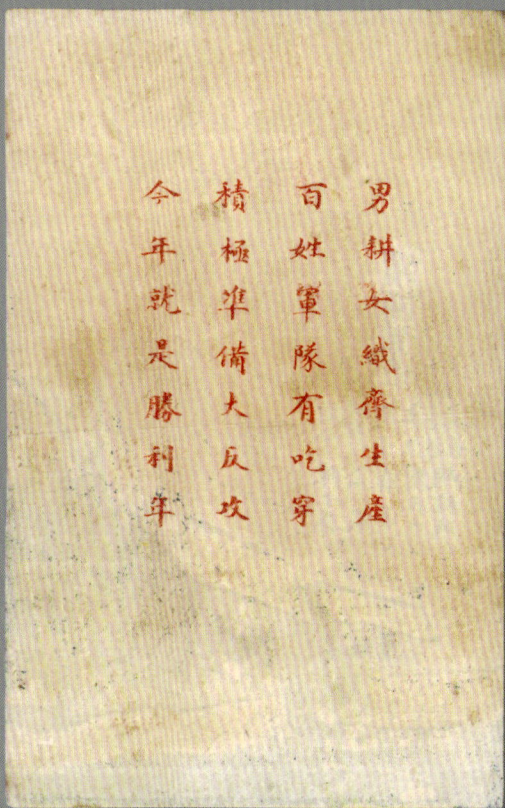

陈士榘

1909—1995

湖北荆门人。1927年参加中国共产主义青年团。同年参加秋收起义。同年转入中国共产党。曾任红一军团第十二军一纵队参谋处处长、第三十四师参谋长，第一军团司令部作战科科长，第四师参谋长。参加中央苏区历次反"围剿"和长征。抗日战争时期，任八路军一一五师三四三旅参谋长，参加平型关战斗。任晋西支队司令员。1940年后任八路军一一五师参谋长，山东滨海军区司令员。抗日战争胜利后，任新四军兼山东军区参谋长，协助陈毅等统一指挥山东的八路军和苏皖地区的新四军部队。1947年起，任华东军区、华东野战军参谋长，兵团司令员，第三野战军参谋长兼第八兵团司令员，南京警备司令员。中华人民共和国成立后，任华东军政大学副校长，军事学院训练部部长、教育长，解放军工程兵司令员兼特种工程指挥部司令员、政治委员，中共中央军委顾问。1955年被授予上将军衔。中共第九、十届中央委员，第一至三届国防委员会委员。

华野八纵贺年卡

1949年
日照市抗日战争纪念馆藏

华野八纵发给军属刘老先生的贺年卡，寄出单位是华野八纵司令部政治部。落款：司令张仁初，政委王一平，参谋长陈宏，主任李耀文。

贺卡文字中首先分析了1949年是极其重要的一年，江北全境将得到全部解放，解放区的人民今后更能安居乐业，发展生产。接着分析了两年半来人民解放战争取得的成果，感谢刘老先生家族为革命事业作出的贡献。最后写明"江北解放了，江南还未解放，我们还是要打到江南去，解放全中国，彻底的消灭反动派的残余""在伟大的解放全国战争中，更好的支援前线，并且经常勉励你的亲人在胜利中做个胜利英雄，立更大的功劳，荣宗耀祖，永远为亲戚朋友所景仰"，并致以新春的祝福。

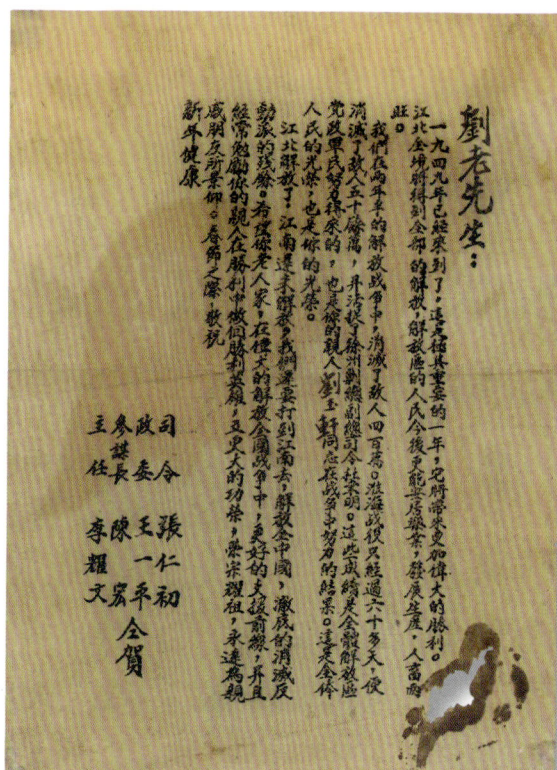

中共胶东特委（后改中共胶东区党委）机关报《大众报》《大众报号外——苏联对日宣战红军攻入伪满后日寇被迫无条件投降》

1945年8月12日
山东博物馆藏

　　大众日报社印发，号外内容是："中国人民八年浴血抗战已获胜利　苏联对日宣战红军攻入伪满后日军被迫无条件投降。"

　　在20世纪波澜壮阔的反法西斯战争中，伟大的中国人民抗日战争开辟了世界反法西斯战争的东方主战场，为争取世界和平的伟大事业作出了彪炳千秋的伟大贡献。山东是近代以来遭受日本侵略最早最深的地区之一，从甲午战争开始，饱受苦难的山东人民进行了不屈不挠的斗争。全面抗战爆发后，在共产党的领导和影响下，3800万山东人民同仇敌忾，浴血奋战，奏响了一曲气壮山河的抗击日本侵略的英雄凯歌。

野坂参三

1892—1993

又名冈野进，日本山口县人。日本共产党领导人，日本共产党中央委员会前名誉主席，英国共产党和日本共产党的创建者之一。1917年毕业于庆应大学。学生时代就参加工人运动。1921年参加日本劳动总同盟并任该组织书记。1922年参加日本共产党，历任日共党纲起草委员会委员、中央监察委员、中央执行委员。1923年和1928年曾两次被捕入狱。1931年当选为日共中央委员。1931—1940年代表日共参加共产国际工作。1935年起任共产国际执行委员会主席团委员。1940年4月根据共产国际的决定化名冈野进来到中国延安，组织反战同盟，从事对日本军队的反战和平宣传工作，直到第二次世界大战结束。1944年2月成立日本人民解放联盟。1945年4月至6月，野坂参三作为唯一的兄弟党代表参加了中共七大，并在大会上作了"建设民主的日本"的报告，分析了日本的各种民主力量的现状之后，着重提出建设民主日本的一系列主张。1946年1月回国。1946、1947年两次当选为日共中央委员，政治局委员、书记处书记。1950年被迫转入地下斗争。1955年7月当选日共中央委员和书记处第一书记。1958年8月起任中央委员会主席。此外，积极从事议会活动，1946年当选为众议员，1956年以来多次当选为参议员。

胶东大众报社印《建设民主的日本》

1945年
山东博物馆藏

日本共产党中央委员会前名誉主席野坂参三在中共七大上的演说。胶东大众报社印。在演说中，野坂参三充分表达了日本发动侵华战争的歉意，坚决反对日本帝国主义，之后提出一系列建设民主日本的主张等。

汉斯·希伯

1897—1941

　　1897 年生于波兰的克拉科夫，德国共产党员，太平洋学会记者。他先后三次来到中国，以笔做武器同中国人民并肩作战，将生命的最后十年献给了中国革命。希伯于 1941 年在大青山战斗中血洒沂蒙。1963 年 11 月迁葬于华东革命烈士陵园。

国际主义战士汉斯·希伯用过的指南针

抗日战争时期
沂蒙革命纪念馆藏

　　汉斯·希伯随身携带的战时物品。

国际主义战士汉斯·希伯用过的
刮胡刀

抗日战争时期
沂蒙革命纪念馆藏

　　钢质刀具，系汉斯·希伯一直随身携带的生活
用品。

潍县集中营西方侨民使用的 摩德利牌钢琴

抗日战争时期
潍县西方侨民集中营旧址博物馆藏

乐道院时期教堂使用的钢琴，第二次世界大战日本侵略山东组建潍县集中营时期为关押者所使用，后保留在广文中学，2019年由广文中学移交到潍县西方侨民集中营旧址博物馆。

在潍县集中营黑暗的日子里，西方侨民们仍抱着胜利的希望生活着。集中营里有一批颇具才能的音乐家，他们在被押往集中营时想尽各种办法将乐器带在了身上，还在集中营里秘密成立了临时乐队。摩德利牌钢琴见证了西方侨民们坚定同日本法西斯斗争的勇气和乐观精神。

潍县集中营被关押西方侨民赠给潍县百姓韩绪庭的铁床

抗日战争时期
潍县西方侨民集中营旧址博物馆藏

铁质框架，木质床板。铁床为英国伦敦达肯兄弟公司生产，原为钢丝弹簧床，后弹簧被替换成了木板。

潍县集中营时期，潍县百姓韩绪庭为西方侨民提供食物（鸡蛋和白糖）。作为答谢，被关押的西方侨民将铁床送给他。2019年10月29日，潍坊市民韩崇滨（韩绪庭的儿子）捐赠给潍县西方侨民集中营旧址博物馆。铁床见证了潍县人民和西方侨民在抗日战争时期的深厚情谊。

栖霞县县长孙子明给李鸿儒议员的一封信

抗日战争时期
栖霞市牟氏庄园管理服务中心藏

栖霞县县长孙子明、副县长王佐群写给李鸿儒议员的一封信。信写于日本宣布无条件投降第二天，孙子明主要向李鸿儒议员汇报了当前主要任务是"一切服从前线，一切为争取最后的胜利"，提到要发动大量的青年壮丁参军，动员民兵参加主力军，同时保证有充分的后勤，动员男女老幼一齐参加大生产运动，有计划地组织互助组等。

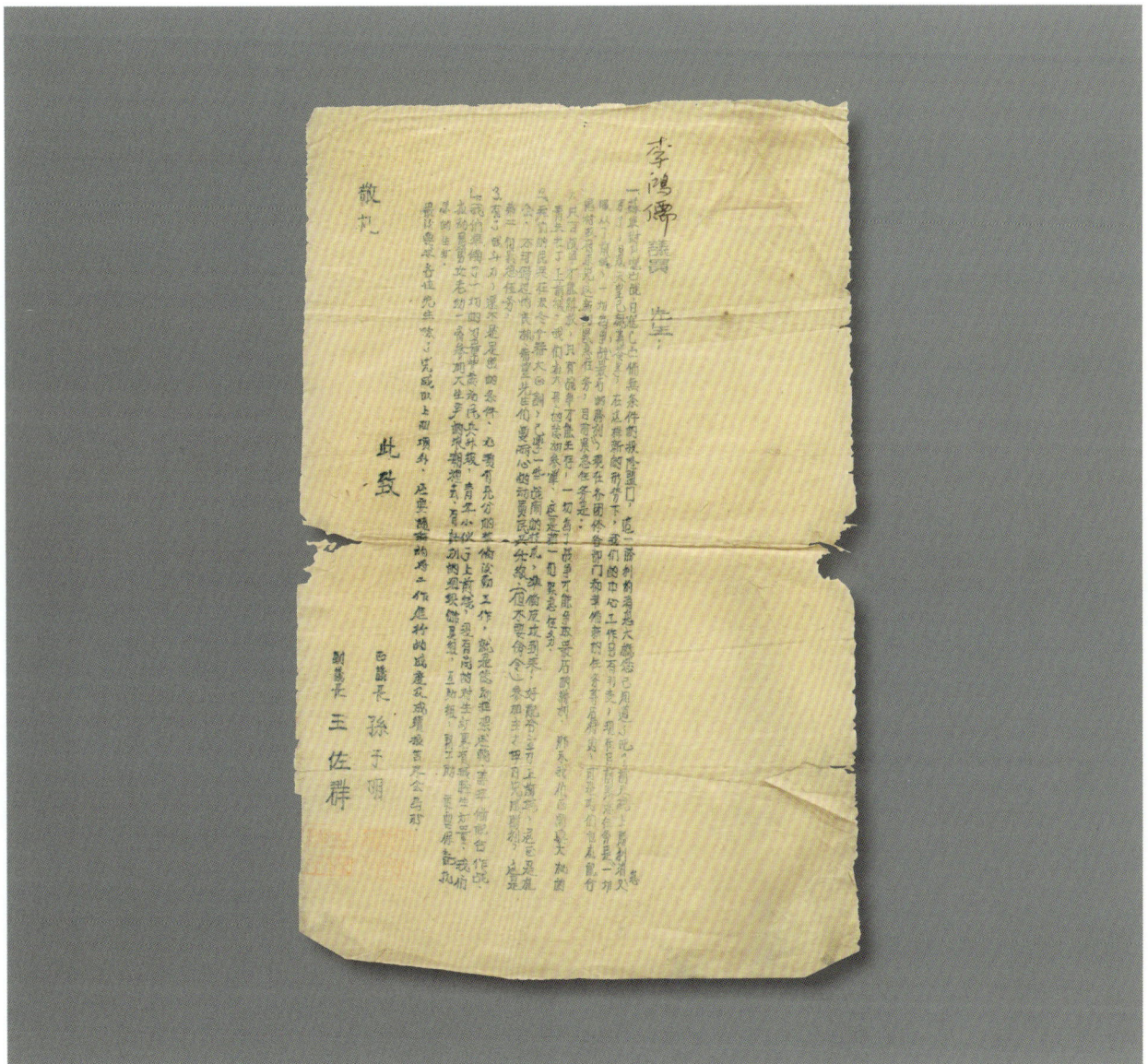

济南、青岛、德州地区受降仪式上日军投降代表签字用笔

1945年
山东博物馆藏

1959年2月路大荒捐献。毛笔笔杆竹质，笔头为羊毫，配有铜质笔套。笔杆上刻有"中华民国三十四年十二月二十七日上午十时济南地区日军投降代表签字用笔"繁体楷书。这支毛笔是1946年新闻记者杜郁仑赠给著名学者路大荒的，路大荒在1959年2月捐献给了山东省博物馆。

毛笔上刻的日期为1945年12月27日，八年前即日军攻陷山东省省会济南之日。山东济南、青岛、德州地区接受日军投降仪式在济南的山东省图书馆奎虚书藏楼举行。自济南沦陷到驻山东日军正式投降，整整八年时间。

山东地区在抗战时期为中国共产党领导的抗日根据地。全面抗战爆发后，国民党山东省政府主席韩复榘稍战即逃。至1943年7月，留在敌后的国民党山东省政府和鲁苏战区的部队因不堪日军"扫荡"和打击从山东撤到安徽阜阳地区。中国共产党誓死守土，一直坚持敌后抗战，是山东抗战的中流砥柱。抗战胜利后，共产党领导的八路军、新四军却被蒋介石剥夺了受降权力，并意图消灭。1945年10月25日，第十一战区副司令长官李延年在济南接受细川中康代表其司令部、第四十七师团等共70500人投降，其中病员约3330人。12月27日上午10时，李延年代表何应钦总司令在山东省图书馆奎虚书藏楼正式接受日军投降。国民党山东省政府主席何思源和李延年在济南接管伪政权。